U0555004

武汉博物馆 编

古镜涵容

武汉博物馆藏铜镜

文物出版社

《古镜涵容——武汉博物馆藏铜镜》编委会

主　　任：马勋标　杨相卫

副 主 任：张宏斌

编　　委：刘庆平　王更胜　刘德元

　　　　　邓　琰　宋文晖　夏建建

策　　划：刘庆平

主　　编：邓　琰　孙黎生

副 主 编：张卫红　罗　莎

撰　　稿：夏建建　陈朝霞　吕立军　鲁　茜　刘　畅

摄　　影：左易正

图片编辑：雷晓洁　郑　晶　钱卓思

校　　对：张洪林　丁　燕

资料提供：杨凤霞　马牧宇

目 录

　　铜镜作为古代人民的照面工具，与人们的日常生活有着密切关系。铜镜从四千多年前的齐家文化开始出现，直到近代玻璃镜的广泛使用而退出历史舞台。如今铜镜有照面功能的一面随着岁月的流逝，或锈蚀不堪，或依然光洁，但均不能使用，而镜背后的纹饰图样精美华丽、铭文丰富，使得铜镜在千百年后的今天成为人们喜爱和收藏的精美藏品。在古代，这些镜背上纹饰和铭文的产生与流行，与当时的政治、经济、思想文化、社会生活及时代风尚有一定的关系。由于镜背面积小，纹饰所选用的题材更具有典型性和代表性，为我们认识和研究古代社会提供了可靠的实物资料。

　　武汉博物馆庋藏中国铜镜 5000 余面，涵盖了从战国到清代各个时期的镜种，可以说是一个铜镜宝库。在这座宝库中，不乏国内独一无二的精品，如目前唯一一面记录亡佚千年的《鲁诗》部分章节的诗经铭文镜，此镜是 1970 年武汉市文物商店从冶炼厂选得，主题纹饰为汉末三国流行的重列式神人神兽式样，主纹区外一周铭文，经著名古文字学家罗福颐先生研究确定为《鲁诗》中《卫风·硕人》篇部分章节，这也是目前所见唯一一面记录《诗经》篇章的铜镜，何况镜铭为失传的《鲁诗》部分内容，文物和文献价值非同一般，显得格外珍贵。再如，馆藏目前唯一所见镌刻"中国人民"铭文的汉代铜镜，该镜属汉"青盖"镜类范畴，主纹饰区采用高浮雕技法塑造神人、羽人、龙虎和其他禽兽形象，主纹区外饰一周铭文，读为"青盖作竟（镜）四夷服，多贺中国人民息，云雨时节五谷熟。"如果说 1963 年出土于陕西宝鸡的何尊是带有"中国"二字的最早酒器，那么这面馆藏汉代青盖镜则是目前所见唯一一件带"中国人民"字铭的铜镜，其文化意义如此非凡，可见一斑。

武博坐拥此铜镜宝库而编撰这本《古镜涵容——武汉博物馆藏铜镜》终于定稿赴梓了，这得力于武汉博物馆热爱铜镜研究工作的同事们的一起努力和领导的大力支持。全书基于武博丰富馆藏铜镜资源，收录有代表性的铜镜270余面，按我国古代铜镜发展的时代特征，分为中国早期铜镜、春秋战国铜镜、两汉铜镜、三国两晋铜镜、隋唐五代铜镜、两宋辽金铜镜、元明清铜镜等几个部分，既介绍每个时代铜镜的大致发展脉络，又有馆藏铜镜的纹饰铭文的详细解读，部分铜镜还有文化信息延展性的介绍，全书集学术性、知识普及性于一体，使得每一面铜镜不再是单纯的图片展示，文字的解说让这批铜镜图文并茂地展现在大家面前。此外，武博也收藏一批近邻日本古代铜镜，书中遴选三面，特另辟出一章节作大致介绍。

武博藏铜镜也作为博物馆一个特色交流展，近些年来在各地博物馆交流展出，在为广大人民群众带来铜镜展览的同时，我们也收到各界人士对此展的信息反馈，这其中多为溢美褒奖之词，博物馆工作人员对他们的美意甚为感念；也有一些专业人士指出铜镜研究、展览中存在的一些不足，这促使我们在馆藏铜镜研究方面不断取得成绩，并最终汇聚成这本书，呈现在大家面前，希望您能喜欢。

第一章

绪 论

绪　论

（一）鉴与镜

　　铜镜作为古代人们的照面工具，是我国众多青铜器品类中流传最久，品种最多，使用最为广泛的器具。古代先民把镜与鉴常混用，铜镜即铜鉴，而事实上根据铜镜产生的方式，鉴是要早于镜的。人们对鉴的使用，和人们审美观念、卫生观念的萌发是分不开的。进入新石器时代，人们发现可以在静水旁照面。后来陶器被发明出来，古人开始用陶盆陶罐盛水照面。进入青铜时代，用鉴盛水照面开始流行，甲骨文"𥃩"和金文中"𥂁"字形象地显现了人们俯身低头照面的形态，所以，《广韵》中说"鉴，照也"。也就是从这个时候开始，鉴不单单是日常盛水照面洗面的铜盆类的器物，也被当时先民们上升到哲学的高度，概括出淳朴的治国理政思想。如《尚书》："人无于水监（鉴），当于民监"，《国语》："王其盍亦鉴于人，无鉴于水"，《庄子》："仲尼曰：'人莫鉴于流水，而鉴于止水'"等意识，无不是从鉴中启示而来。而镜的称谓，最早见于战国中晚期，如《韩非子》："古之人目短于自见，故以镜观面"，《墨子》："君子不镜于水而镜于人，镜于水，见面之容，镜于人，则知吉与凶"，《楚辞》："今修饰而窥镜兮"。"故进一步，即由铜鉴扁化而成镜。铜镜背面有花纹，背中心或镜缘有钮乳，即是盛水铜鉴扁化的痕迹。盛水铜鉴的花纹是表面的，扁平化后则变成背面了。钮乳是器足的根蒂"，最初的铜镜就这样产生了。近代学者梁上椿将铜镜的出现和发展简单概括为："止水→鉴盆中静水→无水光鉴→光面铜片→铜片背面加钮→素背镜→素地加绘彩→改绘彩加铸图文→加铸字铭。"而在《说文》中解释说："镜，景也；镜，取景之器"，段玉裁在其注中说："景者，光也，金有光可照屋物，谓之镜"。《广雅》："鉴谓之镜"，《玉篇》中又说："鉴，镜属也"，虽然鉴早于镜而生，但随着铜镜的独立出现，人们便把镜与鉴并用了，镜即鉴。铜镜产生之后，享用它的多半是贵族，而一般平民在相当长的时间内仍以水照面，以陶鉴或陶盆定容。

（二）铜镜的结构

从铜镜产生到清末近代以来，铜镜作为人们的照面工具，其发展从未间断。纵横四千多年的铜镜文化，也孕育出不同形状的铜镜，反映不同时代人们对美的认知和追求。一般而言，我国古代铜镜多以圆形为主，产生于战国时代的方形镜至唐宋才开始流行。唐代诞生的葵形镜、菱形镜、亚字形镜等反映了那个时代铜镜式样的繁荣。宋代以降，带柄镜、盾形镜、瓶形镜、衔环镜、长方形镜等不同形状的镜子，又为铜镜式样添加了新的类型。

现今所见出土和传世的铜镜数不胜数，宛若中华民族璀璨历史星空中闪烁的点点繁星。每一面面世的铜镜都有自己的名字，千百年来，人们从铜镜的形状、镜背纹饰、镜铭、制镜工艺等几个方面，来给所见铜镜进行命名。如唐代葵花镜、菱花镜，是以镜子形状像葵花或者菱花来命名的。汉代草叶纹镜、神兽镜、龙虎镜等是根据镜背上的草叶、神兽、龙虎纹饰来命名的。汉代尚方镜、昭明镜、青盖镜，唐代秦王镜，宋代湖州镜等均是以镜子上带有此类铭文而命名的。战国时代的透雕龙纹镜、汉代鎏金镜、唐代镶嵌镜、金银平脱镜等特种工艺镜，则是以制镜工艺命名的。不过，现在研究铜镜者多以主纹图案给铜镜定名。古代铜镜的照面功能随着时间的推移，已经丧失，而镜背却是匠师们大显身手的地方，他们在背面这一小块空间上饰以各种装饰或加上铭文，在装饰美的不经意间，却记录了不同时代的历史文化信息，后世研究铜镜者便着眼于此。

从第一面铜镜被人们制作出来开始，镜背开始有了用于系绳或者悬挂用镜钮。在夏商周时代，铜镜受青铜礼器的影响，镜背上开始有钮座和纹饰。汉代镜背纹饰复杂多样，分为内区纹饰和外区纹饰，带有铭文的还刻意留存铭文带，镜缘上也开始装饰精美起来。汉代以后，

虽然出现了素面镜、无缘镜、无钮镜等特别镜种，但常规意义上的铜镜镜背仍以钮、钮座、内外区纹饰、镜缘等几个部分组成，这些也是决定一面铜镜的名称和判断其时代的主要依据。常见铜镜部位如下：

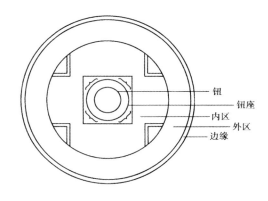

钮：在镜背的中央，有孔可以系绦带，以便手拿或系于镜台之上。常见的钮有弓形（或称桥形）、乳状（或称连峰式）、弦纹、圆形、兽形等形制。

钮座：钮的周围紧连钮的部分，有的为圆形素面，有的饰以纹饰，常见的有柿蒂纹、连珠纹、重圈纹、绳纹、重圈方形纹等。

纹饰区：一般分为内区和外区，分别以几条同心圆式的界线隔成，靠近镜钮的通称内区，接近镜缘的则是外区。有的纹饰为素面或者纹饰单一，有的仅有部分内外纹饰区，有的外区与镜缘之间还夹一圈铭文带。

镜缘：在外区之外的部分称镜缘，镜缘部分有一周到数周不等简单的纹饰，常见的有锯齿纹、栉齿纹、单线波纹、双线波纹、云纹、草叶纹、神人神兽纹，一面铜镜的镜缘有的饰一周上述纹饰，有的镜缘繁复精美，饰上述组合纹饰。也有的镜缘不作任何花纹，素缘无修饰，有卷缘、细窄缘、素宽缘、三角缘等数种。

第二章

中国早期铜镜

七星纹镜

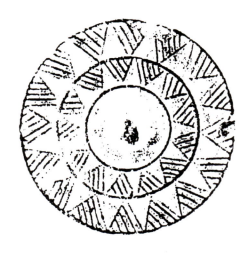

多角星纹镜

叶脉纹镜

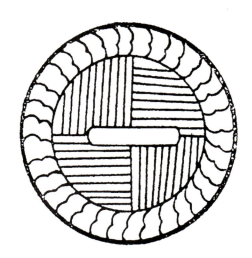

平行线纹镜

　　1975 年甘肃广河齐家坪墓葬出土一面圆形铜镜，镜背没有纹饰，直径 6cm，环钮。这是目前我国境内所发现最早的铜镜。1976 年青海贵南县尕马台墓葬出土一面圆形铜镜，直径 8.9cm，镜背饰弦纹两周，弦纹内主纹饰不规则七角星图案，钮残，镜缘部有两小孔，可能作栓系用。和后世精美的铜镜比起来，早期墓葬发现的铜镜做工稍显粗糙，工艺落后。这两处墓葬属于齐家文化类型，距今已有四千多年，处于金石并用的原始社会末期。据此我们可以推断出，在齐家文化或者更早的

时候，人们已经懂得用青铜制镜照面，但囿于发掘实物的局限，至今还没有出土更早的铜镜，所以到目前为止，齐家文化铜镜被看作我国古代铜镜发展的起点代表。发端于齐家文化的中国古代铜镜，贯穿整个漫长历史时期，一直延续到晚清民国，从未间断。

　　目前所见商代铜镜，多出于河南安阳殷墟遗址中。商代中期盘庚迁殷，奴隶制经济和文化得到空前发展。尤其是从商王武丁开始，商朝迎来中兴，手工业水平得到显著提高。从目前出土的商代青铜器中可以看出，中

西周禽兽纹镜

后期的青铜器铸造工艺和繁复的装饰，都优于商前期的青铜器。但从目前出土的青铜器物来看，青铜礼器、酒器、工具、武器占绝大多数，铜镜却寥寥无几。以著名的妇好墓为例，在出土近两千件器物中，铜镜仅有四面，占比微乎其微。在上千殷墓葬中出土的铜镜也就几面，数量相当少。以致于我们现在不得不怀疑，商代铜镜和早于它的齐家文化铜镜，属于两种不同的青铜文化范畴，即便齐家文化属于金石并用文明时代。齐家文化两镜为多角星纹镜，带有神秘的原始自然崇拜色彩。而所见殷墟出土铜镜为叶脉纹镜、平行线纹镜和重弦辐射纹镜，纹饰式样更为丰富，多带有现实生活的印记。但从墓葬出土所见铜镜占比上来说，殷墟铜镜是很少的。可见，即便在商代青铜器发展鼎盛时期，铜镜的使用也不是普遍的，可以说算是一种稀罕的青铜器，也说明铜镜在这一时期铸造水平是落后的，使用范围也极其有限。

西周时期，疆域面积和有效行政管辖范围比起商代要大很多。西周铜镜出土遍布陕西、河南、北京、内蒙古等地区，出土地域比商代仅限河南殷墟，地域要广很多。就目前所见出土的西周铜镜在 15 ～ 50 枚左右，铜镜的式样和商代比起来有了新的形式。和殷墟叶脉纹、平行线纹镜不同，早期的西周铜镜多以素面为主，中晚期的铜镜纹饰上开始出现几何纹、草叶纹、鸟兽纹饰，铜镜的边缘开始凸起或微卷，镜缘作为古代常规铜镜的一部分，开始走上铜镜发展的历史舞台。和商代铜镜单一的桥形镜钮相比，西周铜镜镜钮的形式也丰富起来，除弓形钮外，还有橄榄形、半环形、长方形等镜钮，但均不带钮座。镜面以平直为主，少数有曲度，说明人们开始研究和重视镜面的映照范围。就工艺而言，和商代铜镜一样，西周铜镜含铜量高，故所见出土铜镜均严重锈蚀。

第三章

春秋战国铜镜

春秋战国铜镜

春秋时期，礼崩乐坏，青铜器从礼器逐渐向实用器过渡，也是铜镜从原始质朴阶段走上成熟的一个阶段。原先礼器上精美和繁缛的纹饰，逐渐被用于铸造铜镜，透雕工艺也开始出现在镜背上，铸镜工艺逐渐赶上并超越其他青铜器。而从地域上来说，春秋时代，是晋楚争霸的时代，南北两个文化中心诞生了不同风格的铜镜，尤其是楚文化区域的铜镜以铜质优良，工艺精湛著称，这标志着铸镜地域从北方逐渐向南方过渡，并遍及湖南、湖北、安徽、四川、两广等地区。

战国是我国古代社会第一次剧烈变革的时代，奴隶制逐渐瓦解并向封建社会过渡，社会生产力得到了巨大的释放和发展，青铜铸造技术也有进步，铸镜业、铸钱业、铸剑业，以及镂、错、镶等工艺都获得了较大发展。铜镜——这日常生活中的必需品在这个时期以空前的规模和速度勃兴起来，铜镜铸造工艺也进入了一个崭新的阶段。从出土战国铜镜来看，这个时期的铜镜在以圆形为基础的同时，出现了方形镜，镜背中心以一钮的形式为制式，原始的粗糙的半环钮被淘汰，取而代之的是三弦钮、桥形钮（弓形钮）和镂空镜钮，并少数出现钮座。镜体较薄，镜面较平直，镜缘开始逐渐上卷。镜背纹饰却丰富异常，青铜器上的羽地纹、弦纹、云雷纹、蟠螭纹、

兽面纹以及新出现的山字纹开始被有规则地排列出现在铜镜上，铜镜的生产已日趋规范化。同时，战国时期也产生了特种工艺铜镜，如鎏金镜、彩绘镜、错金银镜、镶嵌镜等，铜镜工艺大放异彩。

从所见战国铜镜的出土的数量和范围来看，战国时期铜镜的数量已远远超过了商周时期的规模，随着新的考古工作的进展，铜镜确切的数字已很难统计。这时期铜镜数量不仅增多，而且出土的地域也很广泛，以湖南、湖北、江苏、安徽等地出土的数量最多，其次是陕西、山西、河南、河北、吉林、辽宁、内蒙古、四川、山东、广东、广西等地。从一个侧面反映中国古代铜镜已经走向了新的发展阶段和地域空间。

从时间跨度上来说，战国铜镜的发展经历了三个世纪，不同时期的镜种丰富，风格多样，地域特征明显：

第一阶段：战国初期。这时期铜镜工艺刚刚开始勃兴，在制作技法上常常露出许多不成熟的地方：形制方面，直径小，镜体薄，镜面平，缘或平或微卷，钮小，多为弓形。在装饰图案上也较为简陋，或为素面，或略施简单的单层纹饰，如弦纹、连弧纹，或仅施地纹，如施羽状纹、云雷纹，最复杂的也只是地纹加弦纹、连弧纹之类的简单双层纹饰，且数量很少。有的也承袭了上个历史时期

遗留下来的兽面纹之类。

第二阶段：战国中期。这时期铜镜工艺获得长足的进步，较初期有了巨大的发展。首先是镜体普遍增大，重量有所增加，边缘素卷。在装饰技法上日趋复杂，一般都是主纹地纹双层装饰，同时也更加注重艺术效果，如龙凤图案的使用，甚至日常生活的狩猎活动也搬到铜镜的镜背上。在装饰纹饰上，图案中内容增多，往往几种图案出现在同一面镜子上，如有的"山"字镜，除主纹"山"字纹，还有叶纹、花瓣纹、绚纹、鱼纹等，这些都是初期所没有的。

第三阶段：战国晚期。这时铜镜工艺更加成熟，不仅沿袭了中期兴起的各项成果，而且新的技法不断涌现出来。一方面部分铜镜继续扩大了面积，增加了厚度，变得更加实用和耐用。另一方面在装饰技法上出现了地纹、主纹、附纹等多种纹饰和多层纹饰，尤其突出的是把当时整个青铜工艺最尖端的技法使用在制镜上，像金银错、透雕、镶嵌等特种工艺，从而使铜镜的制作达到了新的高峰。同时在装饰图案的内容上新添了不少题材，使战国铜镜进入一个丰富多彩的时期。

战国铜镜数量大，种类齐全，纹饰丰富，造型精巧，从目前所见战国铜镜来看，根据镜背纹饰，大致可分为素镜、纯地纹镜、花叶纹镜、山字纹镜、菱纹镜、禽兽纹镜、蟠螭纹镜、羽鳞纹镜、连弧纹镜等十类，每类铜镜也有复合其他几种纹饰，又可细分若干分类。而按特种工艺分类的话，可分为彩绘镜、透雕镜、错金银镜、多钮镜等几类。

秦从统一到灭亡只存在14年，时间短促，所见出土铜镜数量较少。但从秦墓出土的铜镜来看，秦代铜镜纹饰一般为蟠螭纹、兽纹、叶脉纹等，且镜体薄，镜钮小，镜面平，保留了战国铜镜风格和特色。而关于秦代铜镜给后人的印象，传为西汉刘歆的《西京杂记》记载，公元前207年，秦朝灭亡，刘邦进入秦都咸阳宫，看到无数珍宝中有一块方镜，宽四尺、高五尺九寸，表里有明。人直来照之，影则倒见；以手扪心而来，则见胃肠五脏；人有疾病在内，则知病之所在；如宫人有邪心，则胆张心动。秦始皇常以此镜照宫人，胆张心动者杀之。因此镜出自秦地，故又称为"秦镜"。又因此镜功能奇特，故人们又用它比喻那些明辨是非、判案公正的官员。旧时衙门中的明镜高悬匾额或来源于此。唐代更有铜镜铭文"赏得秦王镜，判不惜千金，非关欲照胆，特是自明心"，可见秦镜在古代人们心中的印象。

战国四山镜

直径 11.3cm，圆形，桥形钮，方形钮座，座外方格。主体纹饰由羽地纹、山字纹、花瓣纹组成。方形钮座四角各连接一组花瓣，每组两花瓣。四组花瓣将四个"山"字分割成四个区域。山字左旋，字底与对应的方形钮座一边平行，素卷缘。

山字镜，又称为丁字镜或 T 字镜，为战国铜镜的一个重要类型，其主题纹饰由三至六个山字形图案组成，以四山最为常见。对"山"字的解释，说法不一，或认为是由雷纹的一个变形纹演变而来，或认为与国人崇拜大山意识有关，或认为可能与殷周铜器上的勾连雷纹有关，也有人认为山字纹镜战国时期多产于楚地，楚国的始祖是火神祝融，山字纹可能是几何化了的火纹。

战国花卉纹镜

直径13.5cm，圆形，桥形钮，圆钮座。钮座外凹面圆形圈带，圈带外绕斜线纹一周。主纹饰区由涡纹和蟠螭纹组成。四只蟠螭张口回望，身躯抽象弯曲，犹如树枝，勾连交错，从蟠螭腹部划出的直线与菱形相连。主纹饰区外饰斜线纹一周，素宽缘。

战国羽地纹镜

直径14cm，圆形，桥形钮，圆钮座，座内饰点状纹。钮座外凹面宽圈带。四组末端卷成圆状的涡纹形羽状纹构成一个花纹单位，共八个花纹单位。且相隔的每个花纹组中间有花瓣纹，整体纹饰覆压于点状纹之上。宽缘卷边。

第四章

两汉铜镜

两汉铜镜

汉代封建社会经济空前繁荣，社会长期稳定，生产力在铁器工具的应用下得到提高，金属铸造工艺不断进步。铜镜是汉代铜制品中最多的产品，汉镜出土数量比战国时期增多，使用普遍，而且在制作形式上也有了很大的发展，铜镜上的装饰内容也更加地丰富了。从目前所见两汉铜镜的情况来看，汉代铜镜的发展大致可以分为四个阶段：

第一阶段：西汉早期。西汉早期社会经济处在恢复阶段，铜镜铸造工艺和战国相差不大，装饰纹饰也继承了战国末期的风格，如战国末期最为代表性的蟠螭纹铜镜，在西汉初期还在生产，有的战国铜镜甚至还在使用。

第二阶段：西汉中期。也就是从汉武帝时期开始，汉代铜镜在生产力大幅提升的前提下，工艺表现出了新的进步，纹饰种类繁多，装饰风格多样多变，新出现了以乳钉纹为主题的纹饰，这些乳钉四枚至六枚不等，将纹饰间隔开来，布局整齐。战国铜镜流行的地纹在西汉中期消失，"这当然是铜镜艺术表现手法的重要变化，但也与汉代铜镜使用更为普及有关。从此以后铜镜上的重叠布置纹饰的方式退出了历史舞台"。繁缛的地纹消失，取而代之的是主纹的凸显和丰富，出现了大批新的镜种，如草叶纹镜、星云镜、连弧纹镜、重圈镜、四乳鸟兽纹镜等，其中最重要的是镜铭和主纹的配合使用。早在战国时期，铜镜上业已出现铭文，只不过那个时候的铭文简单，有的字铭只是文字化了的图记，不能表达人们丰富的情感。

而西汉中期开始，铜镜上的铭文开始用于表达人们的感情和期许，如表达相思的"愁思甚悲，欲见，毋说，相思愿毋绝"、"常相思，毋相忘"、"与天无极，与美相长，欢乐如志，长毋相忘"，表达祈求富贵的"常相思，毋相忘，常富贵，乐未央"、"日有熹，月有富，乐毋事，常有意，美人会，竽瑟侍，贾市程万物"，表达享乐生活的"日有熹，月有富。乐毋事，常得意，美人会，竽瑟侍，贾市程，万物正，老复丁，死复生，醉不知，醒旦醒"。铭文镜最常见的是"日光"、"昭明"等镜种，这些铭文和蟠螭纹、草叶纹、连弧纹、鸟兽纹等纹饰搭配使用，不仅使铜镜纹饰更加精美，镜铭也是当时人们情感的投射，反映了当时社会的精神面貌。

第三阶段：西汉晚期到新莽覆灭。西汉中期的镜种在西汉晚期有所减少，博局镜开始流行，这和王莽代汉是分不开的。博局镜产生于西汉早期，但并未大规模流行使用，博局纹饰也较为简易。以王莽逐步篡汉为起点，博局纹大概作为政府主导的主要镜种，开始大规模生产，官方铸造的"尚方"铭博局镜大量流行，私人经营的姓氏"作镜"开始出现。铭文较西汉中期的铭文更加充实丰富，如"尚方作镜真大巧，上有仙人不知老，渴饮玉泉饥食枣"、"王氏作镜四夷服，多贺国家人民息，胡虏殄灭天下复，风雨时节五谷熟"等，这些博局镜除了铭文的使用，还配合十二地支，青龙、白虎、朱雀、玄武以及瑞兽等动物纹饰。纪年铭文镜在这个时候也开始大量流行，如王莽时期的"始建国天凤二年作好镜，常乐富贵庄君上，长保二亲及妻子，为吏高迁位公卿，世世封传于无穷"。这时期在镜缘上装饰双线齿形纹、云纹最为常见。从铜镜的铭文内容上来看，这时期的铭文多表达追求长生不老和"多贺国家人民息"的家国情怀，政治色彩丰富，很少能像西汉中期铜镜的铭文那样，来表达人们的朴素情感和思想。但丰富的铭文蕴含的文化信息却是那个时代政治、经济、文化的缩影，所以记录新莽政权活动的博局纹镜铭文更具有较高的史料价值和文化价值。

第四阶段：东汉时期。东汉早期的铜镜延续了西汉中晚期的风格，纹饰没有多大变化，可能是受两汉之际的战乱影响，铜镜的制作工艺水平略微有所下降。虽然东汉灭新莽政权而立，但王莽时期的代表镜种博局纹镜，在东汉初期继续流行，出现了"尚方"和带有匠师姓氏的博局镜。博局镜纹饰虽然没有新莽时期那么工整和严格，但装饰工艺还是比同一时期的其他镜种精美不少。东汉中期以后，社会稳定，生产力恢复并显著提高，铜镜业又迎来新的发展时期，采用高浮雕技法的龙虎镜、神人神兽镜和画像镜开始出现。这些铜镜的纹饰隆起突出，高低起伏，形象生动，自然活泼，纹饰的视觉效果由传统的线条式的平面化转变为半立体化，后来唐代大为流行的采用高浮雕技法制作的瑞兽葡萄镜、鸾鸟镜均受此影响。东汉中后期新镜种的另外一个特点是采用对称式的纹饰布局，这多表现在神人神兽镜上，如夹钮对

称的对置式神兽镜，绕钮布置的环绕式神兽镜，以镜钮为中心分层式的重列式神兽镜等，图案均以镜钮为中心来对称装饰。

东汉中后期的铜镜铭文延续了新莽时期的风格，除了政治彩色浓郁的镜铭外，多是那些抑制不住的祈祷高官厚禄、长命富贵、羽化成仙，渴望子孙繁昌、家常富贵的激情，这表达的更多的是地主阶级的世界观，很少有像西汉中期那样大胆直接表达思慕情愫的镜铭。东汉镜铭也常常把铸造铜镜的材质成分和地点描述一番，如"汉有善铜出丹阳，和以银锡清且明"、"涷冶铜华清且明"、"吾作明镜，幽涷三商"、"广汉西蜀，合涷白黄"、"涷冶锡铜去其滓"等。纪年类铭文镜也较王莽时期数量和种类有所增加。镜缘常以枥齿纹、锯齿纹、鸟兽纹、神人神兽纹组合装饰。

如果说战国时期铸镜中心逐渐向南方转移，那么汉代尤其是东汉时期，长江流域则正式成为古代铸镜中心，形成了会稽郡山阴、江夏郡、广汉郡、蜀郡等几大铸镜地区，这些地方铸造的铜镜多以神人神兽镜、画像镜、纪年铭文镜为主，与北方流行的连弧纹镜、乳钉禽兽纹镜、变形四叶纹镜以及夔凤纹镜风格迥异，技法和工艺都略胜一筹。

两汉主要镜种

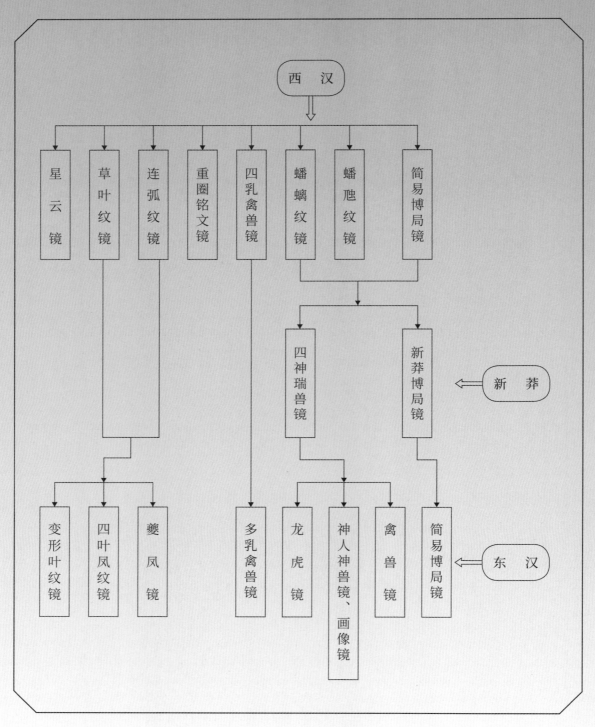

汉重列式诗经铭文神兽镜

　　直径 14.8cm，圆形，圆钮，圆钮座。色黑有光泽，镜背为重列式神兽纹饰，共分五段，自上而下：第一段中间正坐一位神仙且有神兽伴随左右，其两旁各有一神人；第二段中间一神人端坐，两侧伴有一神人，面向中间之人，三者似在交谈；第三段以镜钮为中心，镜钮两侧各坐二神；第四段有两位神人，位于镜钮下方，侧面相对；第五段一神居中，其左侧有一神兽，右侧为玄武。整体神人神兽图

案外一周双弦纹，其外饰铭文一周，勾连云纹窄缘。

　　1978 年，著名古文字学家罗福颐先生见到此镜，从纹饰雕刻特点和镜钮判断此镜与传世的建安年号铜镜相仿，他在释读铭文后，判定此铭文内容为《诗经·卫风·硕人》部分章节。其后，罗先生用现存《毛诗》同镜铭对校考释后，撰成《汉鲁诗镜考释》一文，认为此镜铭文为失传已久的《鲁诗》部分章节。

汉鎏金对置式神兽镜

　　直径 13.7cm，圆形，圆钮，钮上饰错金云纹，连珠钮座。镜背鎏金，主纹为六神四兽，分成四组。两组为一神二兽夹钮对置，头戴三山冠者为汉代东王公，隔钮对坐头饰插发簪者为汉代西王母，二神两肩各有二束披帛飘举，末端卷曲，双手合拱于胸前，端坐于龙凤椅上。两侧各有守护神兽面向他们；另外两组为二神，其中一组二神对坐，一神双手扶案，一神侧身相对，场面如伯牙抚琴；另一组二神对坐，一神头戴三山冠伸出五指，一神头戴双翎冠侧身相对。主纹饰外为六半圆八方枚二禽环绕，六半圆及旁边饰卷草纹，八方枚上各有一字，连读为"先能服者秩至三公"，二禽分别置于东王公西王母座下。其外一周锯齿纹，齿纹外为双弦纹，弦纹外饰一周画纹带，纹饰为一神捧日月、六龙驾舟车、二禽、二凤、二兽等。卷草纹平缘。

汉"昭明"连弧铭带镜

　　直径15.6cm，圆形，半球钮，并蒂十二连珠纹钮座。钮座外一圈凸弦纹带，其外内向八连弧纹带，各弧纹相夹有简化禽鸟纹，禽鸟或立或翔。连弧纹外两周短斜线纹夹铭文带一周，内容为"内（纳）清质以昭明，光辉象夫日月，心忽（沕）穆而愿忠，然雍塞。"句中间以四涡纹。素宽缘。

　　昭明，光明、显著、明晰之意。《尚书·尧典》："百姓昭明，协和万邦"，《诗大雅》："君子万年，介尔昭明"。

汉多乳禽兽纹镜

直径13.3cm，圆形，半球钮，圆钮座。钮座外栉齿纹，纹外双弦纹。主体纹饰六乳钉间以龙、虎、瑞兽、禽鸟等，主纹外饰一周栉齿纹，其外双圈锯齿纹夹一圈单线波纹。素窄缘。

汉四乳四虺纹镜

直径12.9cm，圆形，圆钮，柿蒂纹钮座。座外一周凸弦纹带，两周短斜线纹圈带内为主纹。主纹由四乳与四虺纹相间环绕。四乳钉带圆座，四虺呈钩形躯体，每只虺躯旁饰两只禽或兽。素宽缘。

汉"昭明"镜

　　直径 9.2cm，圆形，圆钮，圆钮座。座外一周内向八连弧纹带，连弧纹内有简单短斜线纹，连弧纹外两周短斜线纹夹一周铭文带，文为："内清以昭明，光夫日"，字体工整。素宽缘。

汉环绕式神兽镜

　　直径 11.5cm，圆形，圆钮，圆钮座。内区四神四兽，间以四乳钉，乳钉下覆压有花卉纹。其外半圆方枚相间排列，每方枚中有一字铭。半圆内饰涡状云纹。其外为绳纹一周。镜缘纹饰，内为神人禽兽纹带，有六龙驾舟车，车上有羽人，神人，神鸟等纹饰，外为一周三角状树纹。

汉四乳八禽纹镜

　　直径8.9cm，圆形，圆钮，圆钮座。钮座与座外弦纹间有简单短一线、三线纹。两周斜线纹间为主纹饰四乳八禽，四乳钉间二禽相对，图形简洁，只表现出禽鸟的轮廓，部分几只二歧冠，覆羽翼，翘尾。素宽缘。

汉环绕式神人禽兽镜

直径 12.7cm，圆形，圆钮，连珠纹圆钮座。内区四神端坐，面像已模糊，左右两侧环状乳上有龙、虎等纹饰，外区半圆和方枚相间环列，每方枚内有一字，读为"吾作明镜，幽涑三商，周刻无极"，其外有一周栉齿纹，齿纹外饰有神兽珍奇环列一周，最外缘饰一周藤蔓纹带。

《左传·昭公二十五年》传文："气为五味，发为五色，章为五声，淫则昏乱，民失其性"。杜预注："五声"为"宫、商、角、徵、羽"。孔颖达疏"其本未由五行而来也。但既配五行，即以五者为五行之声。土为宫，金为商，木为角，火为徵，水为羽。"据文献记载和现代技术对铜镜金相学分析，青铜镜的材质主要有铜、锡、铅三种金属。三商，即冶炼铸造青铜镜所需的三种金属。

汉 "长宜子孙" 变形四叶连弧纹镜

　　直径 17.9cm，圆形，圆钮，圆钮座。钮座圈带均匀放射四蝙蝠形叶，四叶间各饰一字，文为 "长宜子孙"，同四叶一起内绕于素窄圈带内。窄圈外八向连弧纹带间有四小圆，每圆间隔有一字，文为 "生如山石"。素宽缘。

汉六乳凤鸟镜

　　直径 10.5cm，圆形，圆钮，圆钮座。钮座外饰一周栉齿纹，纹外为一周锯齿纹。主纹饰区六枚带座乳钉。六乳钉间隔六只振翅飞翔的凤鸟。主纹外为双弦纹，纹外一周栉齿纹。素宽缘。

汉"家常富贵"铭文镜

直径 13.4cm，圆形，博山钮，圆钮座。钮座内饰四乳钉与双弧线纹，钮座与座外一周斜线纹夹饰一周内向十六连弧纹。主纹区装饰四枚并蒂连珠纹座乳钉，以"家常富贵"四字间隔。主纹外有一周绳纹。十六内向连弧纹镜缘。

富贵是汉代人毫不掩饰的一种人生追求，在当时可以说是正面的、积极向上的一种人生目标。《史记·货殖列传》："故曰：'仓廪实而知礼节，衣食足而知荣辱。'礼生于有而废于无。故君子富，好行其德；小人富，以适其力。渊深而鱼生之，山深而兽往之，人富而仁义附焉。"富贵关系到礼和社会兴废，不仅应该得到声誉，还应该加以展示，如《汉书·匡衡传》中就说："夫富贵在身而列士不誉，是有狐白之裘而反衣之也"的说法。汉代"富贵"镜铭就是这种社会追求的直接表露。*

＊邓林：《汉代铭文镜研究》，上海大学博士学位论文，2017 年 10 月，页 120。

汉 "尚方" 禽兽博局镜

直径17.9cm，圆形，圆钮，圆钮座。钮座外双线纹方格内十二乳钉间以十二辰铭。方格四边各对应两枚乳钉，这些乳钉与博局纹一起将主纹分为四方八区，"L"纹与"V"纹间均有两组禽兽纹。主纹外铭文带铭文为"尚方作竟真大巧，上有仙人不知老，渴饮玉泉兮。"铭文带外一周短斜线纹，其外两周锯齿纹夹双线波纹。三角缘。

博局纹即古代六博游戏局盘纹饰，博局纹镜的名称即来源于当时社会生活中的六博游戏，这种类似赌博的下棋游戏，据说是两人对坐对博。博局纹镜主要流行于西汉晚期至东汉中期，其特征就是在镜背主题纹饰中有T、L、V三种符号，并将主纹分成四方八区。博局纹作为镜背纹饰，常与羽人、西王母、四灵等仙界纹饰搭配，如曹植《仙人篇》中有"仙人投六箸，对博太山隅"之句，博，即指博局游戏。

汉"尚方"五乳神兽镜

直径 18cm，圆形，圆钮，圆钮座。座外单弦纹内有四神兽，分两组张口相对。主纹饰区五神兽间以五枚带座乳钉。主纹区外铭文带铭文："尚方作竟真大巧，上有仙人不知老，渴饮玉□饥食枣兮。"铭文带外饰一周栉齿纹，其外两周锯齿纹夹单线波纹一周。三角缘。

主题纹饰为神像、龙虎、天禽等题材的铜镜。神兽镜多采用浮雕手法，纹饰一般是神人图像和神禽异兽的组合体，根据纹饰的布局差异，神兽镜可分为环状乳神兽镜、对置式神兽镜、对峙式龙虎镜、重列式神兽镜等多种。神兽镜多铸有铭文，内容有纪年、纪地、尚方、纪氏等，其中纪年铭文是神兽镜断代的第一手资料。

汉四乳禽兽纹镜

直径 12.7cm，圆形，圆钮，柿蒂纹钮座。叶间饰以简单几何纹，钮座外饰弦纹和短斜线纹，二者间有一周凸宽弦纹。纹饰区有四个带座乳钉与四禽兽相间绕钮排列。四禽兽间有少许云气纹。主纹外一周短斜线纹。宽缘内饰圆槽一圈，内饰有一周双线波纹。

汉"长宜子孙"对置式瑞兽镜

直径 9.2cm，圆形，圆钮，圆钮座。钮座外四瑞兽与"长宜子孙"四字方枚对置式间相环列。主纹饰外为半圆方枚带，方枚上铭文已难以辨识。半圆方枚带外一周栉齿纹。素宽缘。

汉"尚方"七乳禽兽镜

直径 13.1cm，圆形，圆钮，圆钮座。钮座外环列九枚带座乳钉，乳钉间有铭文"长宜子孙"及云纹。云纹外一周短斜线纹圈带，圈带外有带柿蒂纹钮座的七乳钉环绕。七乳钉间配置四神兽及其他禽兽。外区铭文为"尚方作竟真大巧，上有山人不知老，渴饮玉泉饥食枣，乐未央浮兮。"铭文外饰一周短斜线纹。锯齿禽鸟纹镜缘。

《山海经·中山经》载："又东十里曰騩山，其上有美枣，其阴有㻬琈之玉。""又临于北海。有木焉，其状如杨，赤华，其实如枣而无核，其味酸甘，食之不疟。"从这些记载中可以看出，枣和仙人居所常联系在一起。在远古时期，枣就与神仙结下了不解之缘。如《史记·孝武本纪》方士李少君对汉武帝说："臣尝游海上，见安期生，食巨枣。安期生仙者，通蓬莱中，合则见人，不合则隐。"这里，蓬莱神仙安期生食用的就是大枣。

汉 "清白" 连弧铭带镜

　　直径 14.8cm，圆形，半球钮，并蒂十二连珠纹钮座。钮座外一圈凸弦纹带，其外内向八连弧纹带，各弧间共八只变形禽鸟。连弧纹外两周短斜线纹夹铭文带一周，内容为"絜（挈）清白而事君，怨（患）而弅明，玄锡之流，恐疏而日忘，美而外丞（承）而毋绝。"素宽缘。

汉"长宜子孙"变形四叶纹镜

　　直径 11.9cm，圆形，半球形钮，四叶柿蒂纹钮座。四叶间有长脚花篆铭文四字，顺时针旋读："长宜子孙"。四叶外向八连弧纹。素宽缘。

汉变形四叶夔凤镜

　　直径 12.4cm，圆形，半球钮，圆钮座。连钮向外连接宝珠形四叶纹。四叶间四组夔凤相间环列，每组夔凤相对，眼睛夸张重合。主纹外为一周高弦纹，其外饰一周栉齿纹。素宽缘。

汉 "长宜子孙" 连弧云雷纹镜

　　直径 19.5cm，圆形，半球钮，柿蒂纹钮座。柿蒂四叶间各有一字，合为 "长宜子孙"。其外一周栉齿纹和一周凸弦纹。再外为内向八连弧纹，连弧间以变形 "山" 字纹和草叶纹。弧纹外两周栉齿纹夹变形云雷纹环绕。素宽缘。

汉 "日光" 连弧纹铭带镜

　　直径 6.8cm，圆形，圆钮，圆钮座。钮座外一圈内向八连弧纹，其外两周短斜线纹夹铭文带一周，合为 "见日之光，长毋相忘"，每字以涡纹相隔。素窄缘。

汉禽兽博局镜

直径18.8cm，圆形，半球钮，圆钮座。座外双弦圆圈内九枚乳钉分别夹以云纹。双弦外切双线方格，方格内四角各一桃形纹。八枚钱纹座乳钉与博局纹将内区分四方八区，分别配以虎及禽、龙及兽、龙及凤、凤及兽，且四方配以禽鸟。主纹饰外为双线弦纹，其外一周短斜线纹。宽缘中一周波纹间以连珠纹。

汉四神博局镜

    直径 14.4cm，圆形，圆钮，柿蒂纹钮座。钮座外方格四角各对应一枚凹面乳钉，四方八区纹饰的配置是：神人与青龙，神人与玄武，一对白虎，神人与朱雀。主纹外一周短斜线纹，宽镜缘上饰一周双线波纹。

    位于镜背画面东西南北四方的青龙、白虎、朱雀、玄武即为四神。四神最早的含义是"四方宿名"，《论衡·物势》曰："东方木也，其星苍龙也；西方金也，其星白虎也；南方火也，其星朱雀也；北方水也，其星玄武也。天有

四星之精，降生四兽之体。"随着东汉谶纬思想的盛行，四神更是充满了神秘色彩，成为人们避邪和表现阴阳的常用图案，故镜铭有："朱雀玄武顺阴阳，青龙白虎辟不祥"的词句。四神有的典籍也称四灵，在《三辅黄图》中记录说："苍龙、白虎、朱雀、玄武，天之四灵，以正四方。"但《礼记·礼运》说："麟、凤、龟、龙，谓之四灵。"无论何为四灵，它们是汉代神兽铜镜中常见的纹饰。

汉四乳四虺镜

　　直径9.5cm，圆形，圆钮，圆钮座。圆座外有四组回旋线条和四组三线相间排列，其外一周凸弦纹。两组短斜线纹圈带内为主纹。主纹是四乳四虺纹相间环绕，四乳钉带圆座，四虺成钩形躯体，两端同形，在躯外侧各有一鸟纹，身躯内侧，禽鸟有的带冠羽而立，有的展翅飞翔。素宽缘。

汉五乳禽兽镜

直径 12.7cm，圆形，圆钮，柿蒂纹钮座。两周短斜线纹夹主纹区，纹饰有龙、神鸟、朱雀等，间以五枚带座乳钉。宽镜缘上饰一周双线波纹。

汉四乳四虺镜

直径 11.9cm，圆形，圆钮，柿蒂纹钮座。座外凸弦纹一周。两组短斜线纹圈带内为主纹。主纹是四乳四虺纹相间环绕，四乳钉带圆座，四虺成钩形躯体，两端同形，在身躯外侧各一只有冠羽鸟纹，身躯内侧，有的为带冠羽立鸟，有的为展翅飞翔鸟。素宽缘。

汉 "李氏作" 七乳禽兽铭文镜

直径 18.7cm，圆形，圆钮，圆钮座。座外青龙、白虎、朱雀、玄武四灵绕座环列。其外双圈短斜线纹夹凸弦纹一周。主纹饰区饰瑞兽与蟾蜍，白虎配神兽，青龙配瑞兽，朱雀配羽人，玄武配禽鸟，瑞兽，羽人驭兽等七组纹饰，间以七枚带柿蒂纹座乳钉。外区铭文为："李氏作竟四夷服，多贺国家人民息，胡虏殄灭天下复，风雨时节五谷孰，长保二亲得天力，传告后世乐毋极兮。"铭文外饰一周短斜线纹，其外一周锯齿纹。镜缘有九尾狐、鹊鸟、瑞兽、猫、鸾鸟、鱼、龙、燕、虎等纹饰。

"胡虏"，"胡"指与中原敌对的北方和西方少数民族，

"虏"是对他们的蔑称。汉代称匈奴为胡虏，后世用为与中原敌对的北方部族之通称。秦汉以来，与西方和北方少数民族一直战争不断，尤其是北方匈奴和羌族，都曾不断地侵扰边地。

天力，指上天之力，上天所助。《汉书·霍光传》："中孺扶服叩头，曰'老臣得托命将军，此天力也'。"《后汉书·隗嚣传》："若嚣命会符运，敌非天力，虽坐论西伯，岂多嗤乎？"汉镜铭中有"长保二亲得天力"字铭，说的就是希望父母得到上天保佑能够长寿健康。

汉"李氏作"龙虎对峙铭文镜

　　直径 13.6cm，圆形，圆钮，圆钮座。钮座外主纹区饰两组张口相对的龙虎对峙纹，龙虎旁饰简单云气纹。主纹外饰一周铭文带，内容为："李氏作镜自有方，长宜子孙富且□□□□□□□□□□"。铭文带外一周栉齿纹。栉齿纹外一周纹饰带，上饰以九尾狐、龙、虎、龟、朱雀等纹。素窄缘。

汉变形四叶夔纹镜

　　直径 11.9cm，圆形，圆钮，圆钮座。座外十字形方向放射出戟状纹叶片将主纹分为四区，每区内饰一回首张口夔龙。素宽缘。

四叶兽首铭文镜

直径 17.8cm，圆形，圆钮。弧线四边形四委角连接蝙蝠状四叶纹，四叶内各有一兽面纹。四叶间各一兽首，兽首正视形。外区铭文带，读为："熹平二年正月丙午，吾造作尚方明竟（镜），广汉西蜀，合涷白黄，周刻无极，世得光明，买人大富，长子孙，延年益寿，长乐未央兮。"其外二十三内向连弧纹带，镜缘饰规整的菱形连珠图案。熹平二年，即东汉灵帝熹平二年，公元 173 年。熹平二年正月初一为辛亥日，即公元 173 年 2 月 1 日，按顺序，当月无丙午日，而镜铭却刻有丙午日。《左传·昭公十七年》："其以丙子若壬午作乎"注云："丙午，火"。疏云："正义曰：

丙是火日，午是火位，……故丙午为火。"传说此日火气最盛，最适宜冶炼金属，铸造铜镜。这表明铸造铜镜的匠师不仅对铸镜的材料有所讲究，就连铸造铜镜都诩上一个最佳的时间点，即便这个日期是虚构的，也不妨他在镜铭中虚设出来。

未央，没有止尽，不已。《诗·小雅》"夜如何其？夜未央"，《楚辞·离骚》有"及年岁之未宴兮，时亦犹其未央。"西汉又有以此为名宫殿曰未央宫。长乐未央，后遂以喻欢乐无尽期。

汉龙虎对峙镜

　　直径11cm，圆形，圆钮，圆钮座。座外采用浅浮雕技法，饰龙虎隔钮张口对峙，龙和虎的关节处饰有小乳钉，周身有简单云气纹，线条流畅。主纹外铭文圈带有九个短四线纹和六个短三线纹相间排列。其外一周栉齿纹，栉齿纹外一周锯齿纹，其外为双弦纹夹一周双线波纹。三角缘。

汉 "日光" 连弧铭带镜

　　直径8.1cm，圆形，圆钮，圆钮座。座外内向八连
弧纹圈带，两周短斜线纹夹铭文带，连读为："见日之光，
天下大明"。每字间填有简单涡纹和田字菱纹两种符号。
素宽缘。

汉环绕式神兽铭文镜

直径 11.7cm，圆形，圆钮，圆钮座。内区四神四兽相间环列，绕钮而居。外区半圆方枚相间排列，方枚上的铭文不清晰，难以识读，半圆上饰涡状云纹。其外一周锯齿纹，锯齿纹外为铭文圈带，铭文斑驳不清。云纹缘。

汉四乳禽兽镜

直径 12.1cm，圆形，圆钮，圆钮座。主纹为四乳钉及四禽兽相间，绕钮环绕，两禽身躯弯曲细长，隔钮相对。两兽作奔跑状隔钮相对。主纹外饰栉齿纹一周。宽镜缘饰变形蟠螭纹一周。

汉"善铜"四神博局镜

　　直径12.8cm，圆形，圆钮，圆钮座。座外有四个简单涡纹和短三线纹，三线纹与双线方格相连接。博局纹将内区分为四方八区，分别配置四灵等纹饰。四灵及禽鸟、瑞兽等隔着"V"形纹两两相对，分别是：玄武配瑞兽，白虎配禽鸟，朱雀配瑞兽，青龙配瑞兽。八枚乳钉夹"T"形纹排列。主纹外铭文带为："汉有善铜出丹阳，和以银锡清且明，左"。其外饰短斜线纹一周，宽镜缘饰有鹿、凤鸟、九尾狐、瑞兽，并间以火形纹。

汉"尚方"四乳禽兽铭文镜

　　直径13cm，圆形，圆钮，圆钮座。钮座外凸弦纹上饰三横线和○图案相间排列。主纹区分别是青龙、玄武、白虎、羽人朱雀，四灵与四乳钉相间环绕。主纹外为铭文带，合为："尚方作竟□□□□□□□□□□□□□□"，其外一周栉齿纹。宽镜缘上饰一周蟠螭纹。

　　羽人，道教也称"真人"，古代中国神话中的飞仙。在铜镜图像中常见的那种身生羽翼之人，虽处于纹饰画面中的边边角角的位置，但却是道教仙班中的重要角色。

　　据道经解释，真人或"生羽毛"，顾名思义，是身长羽毛或披羽毛外衣能飞翔的人，《山海经》称羽民，或穿"五色羽衣"、"五色飞云羽"。《楚辞·远游》："仍羽人於丹丘兮，留不死之旧乡。"《老子中经》中说："真人无形，衣五彩朱衣，而居无常处，东春南夏西秋北东，浮游名山昆仑、蓬莱、大郢九域之上……真人得道，八千万岁，乘珠玉云气之车，驾无极之马，乘六飞龙，佐上皇而治。"道教将道士称羽士。羽人因身有羽翼能飞，因此与不死同义，也是飞升成仙的象征。

汉"善铜"六乳禽兽铭文镜

直径 11.1cm，圆形，圆钮，圆钮座。座外饰简单线纹，其外一周短斜线纹和凹弦纹带。主纹饰区饰六禽兽，分别是龙、独角兽、鹿、虎、瑞兽、朱雀，六组纹饰被六枚带柿蒂纹座乳钉相间隔开。主纹外为铭文带，合读为："汉有善铜出丹阳，和以银锡青且明，益□"。铭文带外一周短斜线纹。宽镜缘上两圈细弦纹夹一周云气纹。

丹阳，东汉郡名，治在今天安徽宣城，郡辖今铜陵一带有丰富的铜矿资源，为汉代主要产铜地。《史记·平准书》"有司言曰：古者皮币，诸侯以聘享。金有三等：黄金为上，白金为中，赤金为下……"《汉书音义》曰："白金，银也。赤金，丹阳铜。"《神异经》云："西方金山有丹阳铜冶。"《神异记》中记载："丹阳铜似金，可锻以作器。"汉代镜铭中多有"汉有善铜出丹阳"或"新有善铜出丹阳"的字铭。可见，当时丹阳产铜之盛，铜质之好。

汉四乳四虺镜

　　直径 10.5cm，圆形，圆钮，圆钮座。圆座外有四组回旋线条和四组三线相间排列，其外一周凸弦纹。两组短斜线纹圈带内为主纹。主纹是四乳四虺纹相间环绕，四乳钉带圆座，四虺成钩形躯体，两端同形，在身躯外侧各一只有冠羽鸟纹，身躯内侧，有的为带冠羽立鸟，有的为展翅飞翔鸟。素宽缘。

汉环状乳神人禽兽铭文镜

直径 12.8cm，圆形，圆钮，圆钮座。座外一周连珠纹，内区四组神人及四兽相间环绕，其中两组神端坐，左右两侧环状乳上各一龙（神鸟）或一虎。另一组三神人，中间一人抚琴。第四组中间坐者头上有冕旒，疑为黄帝，左侧一侍者，右侧为一神兽。四兽均同向环绕且口衔巨。外区半圆方枚相间环列，方枚下底纹为点状纹，每方枚两侧各一凹点纹，方枚上各铭字，合读为："吾作明镜，幽湅三商，其师命长"。其外饰一周锯齿纹。镜缘纹饰分内外两区，内区纹饰为一神捧日，一神捧月，六龙驾舟车，六羽人分乘鸟骑兽，驾鼋，人面鸟身兽。外区云纹。

"巨"与"钜"通，钜即大刚，刚即纲纪。《说文解字义证》："纲，维，绳也。喻为政，张之为纲，理之为纪。维纲不张，礼义不行。"所以，巨即纲纪，用以规范人们日常社会活动的礼仪行为。

汉"尚方"七乳禽兽铭文镜

直径 16.3cm，圆形，圆钮，圆钮座。钮座下覆压一龙曲身绕钮。其外饰一周双弦纹夹虚线纹。主纹饰区采用浅浮雕刻有鹿、羽人、虎、鸟、羊、虎、狐狸等禽兽，被七枚带座乳钉分割环列。主纹饰区外为铭文带，和读为："尚方作竟自有纪，□□□□□父母当□□□□□□"。铭文带外一周栉齿纹。宽镜缘上饰一周变形忍冬花卉纹。

尚方，为汉代官名。《汉书》中记载："少府属官，有钩盾、尚方、御府"。又《通典》中有"秦置尚方令，汉因之，后汉掌上手工作，御刀剑、玩好器物"的记载。唐代改"尚方"为"尚署"，元置中尚监，明废。可见尚方镜，应为官方铸镜，但民间仿制甚至是伪造的也很多。故刻有"尚方"二字的镜，也并非全是尚方之器。

汉四乳四虺镜

直径 8.6cm，圆形，圆钮，圆钮座。圆座外有四组回旋线条和四组三线相间排列。两组短斜线纹圈带内为主纹。主纹是四乳四虺纹相间环绕，四乳钉带圆座，四虺成钩形躯体，两端同形，在身躯外侧各一只有冠羽鸟纹，身躯内侧，有的为带冠羽立鸟，有的为展翅飞翔鸟。素宽缘。

汉神兽博局镜

　　直径 13cm，圆形，圆钮，圆钮座。座外有四组回旋线条和四组三线相间排列且与其外一周弦纹连接。弦纹形成的圆内切于方格，方格四角分别与圆有两条平行短线连接。博局纹将内区分为四方八区，分别配置四灵等纹饰。四灵与瑞兽等隔着"V"形纹两两相对。八枚乳钉夹"T"形纹排列。主纹外是一周短斜线纹，镜缘内区饰一周锯齿纹，其外两周弦纹夹一周双线波纹。

汉"日光"连弧铭带镜

　　直径 7.7cm，圆形，圆钮，圆钮座。座外内向八连弧纹圈带，连弧纹内饰有简单旋纹。两周短斜线纹夹铭文带，连读为："见日之光，天下大明"。每字间用种符号隔开。素宽缘。

汉"昭明"连弧铭带镜

　　直径8.6cm，圆形，圆钮，圆钮座。座外内向八连
弧纹圈带，连弧纹内饰有简单旋纹和短三线纹。两周短
斜线纹夹铭文带，连读为："内（纳）清以昭明，光象
夫日月，心不泄"，铭文中有若干"而"字相隔。素宽缘。

汉龙虎纹镜

　　直径 9.8cm，圆形，圆钮，圆钮座。钮座下覆压一龙一虎张口相向对峙。主纹外，由内向外，依次是凹弦纹带、栉齿纹、锯齿纹、双线波纹。三角缘。

汉连弧纹镜

　　直径 9.6cm，圆形，圆钮，圆钮座。座外八内向连弧构成主纹饰区。主纹外三周细弦纹，弦纹外饰一周栉齿纹。素宽缘。

汉龙虎对峙铭文镜

直径 9.4cm，圆形，圆钮，圆钮座。钮座下覆压一龙一虎张口相向对峙。主纹外为铭文带，铭文已难以识读。铭文带外依次是栉齿纹、锯齿纹。三角缘。

汉龙虎对峙镜

直径 10.4cm，圆形，圆钮，圆钮座。钮座下覆压一龙一虎张口相向对峙。主纹外，由内向外依次是栉齿纹、锯齿纹、带点波纹。三角缘。

汉龙虎对峙铭文镜

直径 13.3cm，圆形，圆钮，圆钮座。钮座覆压张口对峙龙虎，龙虎身旁饰简单云气纹。主纹外一周铭文带，合读为："杜氏作竟（镜）四夷服，多贺国家人民"。铭文带外一周栉齿纹，其外两周锯齿纹夹双线波纹。三角缘。

四夷，战国以来形成的对中原文化圈外四周少数民族的蔑称，如东夷、西戎、南蛮、北狄。《孟子·梁惠王上》："然则王之所大欲可知已。欲辟土地，朝秦楚，莅中国而抚四夷也"，《文选·左思·魏都赋》："以娱四夷之君，以睦八荒之俗。"

汉 "潘氏" 环状乳铭文镜

直径9.6cm，圆形，圆钮，圆钮座。内区纹饰为四组神人神兽，神兽龙首凤尾，靠近乳钉右下方的前爪硕大夸张，神兽张口与作驯兽状神人相对。四组相同纹饰被四枚乳钉相间隔开，依钮环绕。外区纹饰为半圆方枚带，素面半圆带花瓣底座，方枚两侧各一点状纹，方枚内各铭字，合读为："潘氏作竟自有纪，大□□"。其外一周栉齿纹，再外一周双线波纹。镜缘由内而外一周连珠纹，一周卷云纹。

汉"尚方"博局铭文镜

　　直径 13.7cm，圆形，圆钮，柿蒂纹钮座。博局纹将内区分为四方八区，分别配置四灵等纹饰。四灵与瑞兽等隔着"V"形纹两两相对，分别是：白虎与禽鸟，朱雀与禽鸟，青龙与羽人，玄武与瑞兽。八枚乳钉夹"T"形纹排列。主纹外是一周铭文带，合读为："尚方作竟真大好，上有仙人不知老，渴饮玉泉饥食枣，浮天下敖四海，寿如金石之国保，日月明兮"。铭文带外饰短斜线纹一周。镜缘由内而外依次是锯齿纹，双线波纹，锯齿纹。

　　寿如金石，"金石"，即金属和石头，比喻坚固的东西，如《荀子·议兵》中说："楚人鲛革犀兕以为甲，鞈坚如金石"。"寿如金石"，有寿命长之意。《后汉书·桓谭冯衍列传第十八上》："若使人居天地，寿如金石，要长生而避死地可也。"汉代社会由于神仙方术的影响，长寿思想浓厚，长寿成为人们的普遍追求，《汉书·晁错传》中有就有"人情莫欲寿"的记载。

新莽"善铜"博局铭文镜

  直径 16.7cm，圆形，圆钮，圆钮座。座外方格内切圆内铭文为"长宜子孙"，四字与五种符号被九枚小乳钉相间隔开，方格四角内各一柿蒂叶瓣。博局纹将内区分为四方八区，分别配置四组纹饰。每组禽兽隔"V"形纹两两相对，分别是：玄武与瑞兽，白虎与瑞兽，朱雀与人面兽，两只瑞兽。八枚乳钉夹"T"形纹排列。主纹外为铭文带，合读为："新有善同（铜）出丹阳，和已（以）银锡青（清）且明，左龙右虎主四方，八子九"。铭文带外一周栉齿纹。镜缘饰锯齿纹和云气纹。

汉"昭明"连弧铭带镜

直径9.2cm，圆形，圆钮，圆钮座。座外内向八连弧纹圈带，连弧纹内饰有简单旋纹和短三线纹。两周短斜线纹夹铭文带，连读为："内（纳）清以昭明，光夫日月"，铭文中有若干"而"字相隔。素宽缘。

汉连弧纹镜

直径9.5cm，圆形，圆钮，连珠纹钮座。座下覆压一花叶。带点状底纹的主纹由十一连弧和半圆组成，每一弧纹两端相连接，构成桃形。每个半圆与弧纹间有一圆点纹。镜缘上饰一周变形树纹。

汉四乳四兽镜

直径 15cm，圆形，圆钮，圆钮座。
座外饰有简单旋纹、短三线纹、半圆纹。
两周短斜线纹夹主纹区，四兽分别是虎、
朱雀和两瑞兽，和四枚带座乳钉相间环绕。
镜缘饰锯齿纹，其外一周双线波纹，每波
纹间饰一点状纹，最外凸弦纹一周。

汉"尚方"博局铭文镜

直径 13.7cm，圆形，圆钮，柿蒂纹
钮座。博局纹将内区分为四方八区，分别
配置四组禽鸟纹饰。每组禽鸟隔"V"形
纹相对。八枚带座乳钉夹"T"形纹排列。
主纹外为铭文带，合读为："尚方作竟（镜）
真大巧，上有仙人不知老，渴饮"。铭文
带外一周栉齿纹。镜缘由内而外饰锯齿纹、
双线波纹、锯齿纹。

新莽"杜氏"神兽铭文镜

　　直径13.8cm，圆形，圆钮，圆钮座。座外两周凹面弦纹带夹一周凸弦纹，凸弦纹上饰简单几何纹。主纹区采用高浮雕技法饰六神兽，分别是：独角兽、龙、朱雀、麒麟、龙、玄武。六枚带柿蒂纹座乳钉与六神兽相间环绕。主纹外为铭文带，合读为："杜氏作竟（镜）大毋伤，亲（新）有善铜出丹羊（阳），涑冶银锡清如明，左龙右虎辟不阳，长富乐未央"。其外一周栉齿纹。镜缘饰锯齿一周，其外一周饰虎、舟战、象、狩猎、飞鸟、九尾狐、鼋、奔鹿、虎、双鱼、凤鸟、瑞兽等纹饰。

汉四神博局镜

　　直径 14.4cm，圆形，圆钮，圆钮座。双线方格内为十二带座乳钉纹间以十二辰。博局纹将内区分为四方八区，分别配四组神兽。每组神兽隔"V"形纹相对，分别是：白虎对九尾狐，朱雀对凤鸟，青龙对羽人，玄武对瑞兽，每组神兽周边有简单云气纹，八枚带连弧纹座乳钉夹"T"形纹排列。主纹外饰一周短斜线纹。镜缘饰锯齿纹和云气纹。

汉四乳四禽镜

　　直径 7cm，圆形，圆钮，圆钮座。主纹区四禽鸟与四枚乳钉相间环绕。其外一周栉齿纹。栉齿纹外一周锯齿纹。三角缘。

汉环状乳神人禽兽镜

直径 13.6cm，圆形，圆钮，圆钮座。内区四组神及四兽相间环绕。其中两组神端坐，左右两侧环状乳上各一龙（神鸟）或一虎。另一组三神人，中间一人抚琴。第四组中间坐者头上有冕旒，侧身向右，疑为黄帝。四兽均同向环绕。外区半圆方枚相间环列，方枚下底纹为点状纹，每方枚两侧各一凹点纹。方枚上四字铭文，合读为："天王日月"，十二方枚铭文相同。半圆内饰涡状云纹。半圆方枚带外饰一周栉齿纹。镜缘纹饰分内外两区，内区纹饰为神人捧日，六龙驾车，羽人乘龙，羽人骑龙，羽人乘鸟，神人捧月。外区云纹。

汉重列式神兽铭文镜

　　直径 12cm，圆形，圆钮，圆钮座。内区主纹分三段，第一段中有两人侧身相对而坐，四手比划交谈，疑为孔子问学于老子，两人旁各有一瑞兽，均面右；第二段两神人隔镜钮相对而坐，头饰分别为三山冠和戴胜，当为东王公、西王母，二神旁各一小神兽；第三段纹饰中间有两人侧坐交谈，旁各有一瑞兽，两兽均面向二人。外区纹饰为半圆方枚带，方枚底纹为点状纹，每方枚各有一铭文，半圆上有涡纹。半圆方枚带外为一周锯齿纹。锯齿纹外为铭文带。云纹缘。

汉神兽博局镜

　　直径 10.5cm，圆形，圆钮，圆钮座。双线方格四角内有简单涡纹。博局纹将内区分成四区，分别配四神兽。"T"形纹与"L"形纹各夹一神兽，分别是：青龙，朱雀，白虎，朱雀。每神兽周边有简单云气纹，四枚带连弧纹座乳钉位于双线方格四角外。主纹外饰一周短斜线纹。镜缘饰锯齿纹、弦纹、双线波纹。

汉环状乳神人铭文镜

直径 14.6cm，圆形，网纹圆钮，花叶纹钮座，座外一周连珠纹。内区四组神及四兽相间环绕。其中头饰戴胜、两侧有羽人瑞兽相伴者当为西王母；两人侧身而坐，比手交谈者当为孔子问学老子；头戴三山冠，左右有羽人瑞兽者为东王公；最后一组神人中间端坐抚琴，身旁一人聆听着，当为俞伯牙与钟子期。四兽均同向环绕。

外区半圆方枚相间环列，方枚上各一字铭文，合读为："吾作明竟（镜），长宜高官，位至三公"。半圆方枚带外饰一周栉齿纹。栉齿纹外铭文带合读为："三羊作明竟（镜）自有方，白同（铜）□□复多光，得此竟（镜）者家富昌，五男二女宜疾王，生如山石寿命长，五穀（谷）大郭皆满仓，好□百人宜牛羊，传后子孙乐未央，天王日月"。云纹缘。

汉禽兽博局镜

直径 12.5cm，圆形，圆钮，圆钮座。双线方格四角外各一小叶。博局纹将内区分成四区，分别配四组神兽，其中两组为两瑞兽，占满两区。另外两区一组为两禽鸟，一组为两瑞兽。八枚带座乳钉两两隔"T"形纹对称。主纹外一周栉齿纹。蟠虺纹镜缘。

汉神人瑞兽铭文镜

　　直径 11.5cm，圆形，圆钮，圆钮座。座外一周连珠纹。主纹内区四神人端坐，四瑞兽与四神人相间环绕。外区为半圆方枚带，每方枚两侧各一点纹，方枚内各一铭文，读为："吾作明竟（镜），幽涑三商，周游万象"，半圆上饰涡纹。其外一周栉齿纹。栉齿纹外为铭文带，合读为："吾作明竟（镜），幽涑三商，周克（刻）万象，□□□□□□□青竟□章□，位至三公，其子命长"。云纹缘。

汉连弧云雷纹镜

　　直径 13.3cm，圆形，圆钮，圆钮座。座外一周凸弦
纹带，弦纹带外为内向八连弧纹。主纹为四组云雷纹，
云雷纹由四个圆圈及并行弧线组成。素宽缘。

汉"三羊"龙虎铭文镜

直径 10.5cm，圆形，圆钮，圆钮座。座下覆压两组张口对峙的龙虎，龙身上有点状鳞片纹饰。其外为铭文带，合读为："三羊作竟（镜）大毋伤，巧工刻之成文章兮"。铭文带外一周栉齿纹。再外一周锯齿纹和双线波纹。三角缘。

三羊，即汉代镜铭中所说的"三商"，三种金属的意思。

如汉镜有"吾作明镜，幽涷三羊……"的铭文，"幽涷三羊"中的"三羊"，就是指铸造铜镜所用的三种金属。

文章，古时"文"指青色配赤色形成的颜色，"章"指赤色配白色形成的颜色，故"文章"合用，意即错综复杂的色彩和花纹，如《史记·礼书》"刻镂文章，所以养目也。"

汉神兽博局镜

直径 13.5cm，圆形，圆钮，柿蒂纹钮座。博局纹将主纹分成四区，分别配四组神人神兽，每组隔"T"形纹相对，分别是：羽人和凤，羽人和瑞兽，两瑞兽，鹿和人面兽，且神兽身上都有若干圆点纹。四枚带座乳钉分布于双线方格四角外。主纹外一周短斜线纹。宽镜缘中饰一周双线波纹。

汉禽兽简化博局镜

　　直径13.8cm，圆形，圆钮，柿蒂纹钮座。每瓣柿蒂片间夹有草叶纹。其外一周凹面弦纹圈带，圈带内饰短三线纹和虚线纹。简易博局纹将内区分成四区，分别配四组神兽，其中两组为两瑞兽，占满两区。另外两区一组为神人与神兽，一组为两禽鸟。四枚带柿蒂纹座乳钉隔"T"形纹相间环绕。主纹外一周栉齿纹。宽镜缘饰龙、凤、虎纹，间以花叶纹。

汉"毋忘"草叶镜

　　直径11.5cm，圆形，圆钮，柿蒂纹钮座。座外一细线小方格和一凹面大方格，格内每边缪篆体二字铭文，合读为："见日之明，长毋相忘"。方格四内角为方形图案，四外角伸出双瓣一苞花枝纹，四乳钉及桃形花苞两侧各一对称双层草叶纹。内向十六连弧纹缘。

　　草叶纹镜流行于西汉早中期。和同时期的螭纹镜虺纹镜不同的是，草叶纹没有什么神秘感，显得更贴近大

自然，清新雅致。这可能和西汉早期崇尚"清静无为"的黄老思想有关。从形制上来看，这种草叶呈麦穗状，但如果仅指麦穗的话，意义又狭窄很多，这种麦穗纹饰应代表当时的五谷，《周礼·天官·疾医》："'以五味、五谷、五药养其病。'郑玄注：'五谷，麻、黍、稷、麦、豆也。'"此外，五谷还有"稻、黍、稷、麦、菽"，"稻、稷、麦、豆、麻"，"粳米、小豆、麦、大豆、黄黍"等说法。

汉 "昭明" 连弧铭带镜

　　直径 10.5cm，圆形，圆钮，圆钮座。座外一周凸弦纹带，弦纹带内饰简单旋纹。其外内向八连弧纹圈带，圈带与弦纹带间饰有几何纹。两周短斜线纹夹铭文带，连读为："内清以昭明，光象夫日月，心忽□而忠"。铭文带文字间有若干 "而" 字。素宽缘。

汉连弧纹镜

　　直径 10.5cm，圆形，花瓣钮，花瓣纹钮座。座外内向十六连弧纹。主纹区由七组网纹组成，其外一周栉齿纹。十六连弧纹镜缘。

汉"田氏"龙纹镜

直径 10cm，圆形，圆钮，圆钮座。主纹由钮座覆压的三龙组成，三龙张口顺时针环列，每条龙身躯上有点状纹以饰鳞片。主纹外为铭文带，合读为："田氏作竟（镜），令人富贵分"。铭文带外一周栉齿纹，其外一周锯齿纹和单线波纹。三角缘。

汉变形柿蒂纹镜

直径 10.2cm，圆形，圆钮，圆钮座。座外一周连珠纹。主纹内区为变形柿蒂纹，每片蒂瓣均有实线包裹，实线同两蒂瓣连接翘起部分构成草叶纹。外区纹饰为半圆带，底纹为点状纹，八半圆上均饰卷云纹，半圆间用双点纹间隔。主纹外一周栉齿纹。素宽缘。

第五章

三国两晋南北朝铜镜

三国两晋南北朝铜镜

三国两晋南北朝，是中国古代最为动荡的时代，从三足鼎立到西晋短暂统一，从东晋十六国到南北朝对峙，战争连绵，分割动荡，社会矛盾尖锐，生产力发展缓慢，手工业停滞不前甚至倒退。铜镜业受紊乱社会经济的影响，整体工艺水平相比两汉来说下降不少。从目前出土的这时期的铜镜来看，这一时期的铜镜南北风格迥异，北方战乱频繁，社会经济倒退，铜镜多为延续东汉末年的镜种，没有新风格铜镜的生产。虽在曹魏时期，以洛阳为中心的官方尚方工官得以重建，生产出的铜镜也不乏精品，但总体是在模仿汉镜，工艺也逊色很多。尚方工官主要生产汉代以来的禽兽镜，夔凤镜。新莽以来的精美繁缛的博局镜，在这个时候也回到了它的初始状态，即简易博局纹镜，新的镜种也仅有纹饰简单的"位至三公"铭文镜。三国之后的西晋十六国北朝时期，铜镜生产工艺更是低下，几乎没有创新，且出土也很少见，说明在动乱不止的北方地区，受动荡社会的影响，使用铜镜也是一件很奢侈的事情。

而这个时候南方社会战乱较少，社会经济较为稳定。孙吴政权时期，南方社会相对稳定，北方手工业者开始南下，带去了先进的铸镜工艺，使得吴国的铸镜业空前发达，形成了会稽山阴、武昌、湖南三个铸镜中心，所铸铜镜延续了东汉以来的风格，主要以神人神兽镜为主，

工艺上相对汉末的此镜种来说更加进步。高浮雕手法更为细腻，神人神兽组合更加繁复精密，纹饰主区外沿装饰的镜铭除了有建安、黄武、黄龙、甘露、天纪等纪年铭文，还有记录匠师姓氏和地址的镜铭。同时，东汉以来入华的佛教在这时期南方的铜镜上也有所反映，吴国境内的几个铸镜中心在汉末流行的四叶凤纹镜的基础上，添加了佛像元素，生产出四叶八凤佛像镜这一新品种铜镜。

西晋王朝存在时间短暂，铜镜多延续三国以来的风格，且工艺粗糙，出土数量也很少。东晋十六国和南北朝时期，是漫长的南北分裂时代。东吴时期南方一度繁荣的铜镜铸造业逐渐衰落，三国以来这一地区流行的神人神兽镜、四叶八凤镜、车马镜、龙虎镜等纹饰的铜镜，工艺简陋，纹饰简单粗犷。有的铜镜，如龙虎镜、四叶八凤镜、夔凤镜等，纹饰简化，铜质低劣；有的铜镜，如先前纹饰精美繁缛的重列式神人神兽镜甚至不再生产，直至消亡。南北朝时期南方铜镜发展状况尚且如此，战乱和王朝更迭更为频繁的北方地区铜镜的生产就更加惨淡。北方地区在曹魏以来稍有起色的铜镜手工业至此完全倒退，或者不再生产铜镜，据说"由于不再生产铜镜，因而社会上不仅大量沿用东汉魏晋以来的旧镜，甚至西汉的铜镜也拿出来使用了"。

三国变形四叶瑞兽对凤镜

    直径16.6cm，圆形，大圆钮，圆钮座。钮座外圆圈
带放射出的四桃形叶内各有一神兽，四叶间为对凤，对
凤中间的柱形饰末端为花草纹。内向十六连弧纹，每连
弧中有神兽一只。素宽缘。

三国重列式神人神兽镜

直径 12.2cm，圆形，圆钮，圆钮座。主体纹饰分为五段，从上至下，第一段为神人端坐，两侧有朱雀；第二段侧坐四位神人，中间二位侧面，各抬单手示意，身后各有一体型略小神人面向中间二位作侍奉状；第三段以镜钮为中心，两侧各端坐一神人，头戴三山冠，顶有华盖，身边均伴有神鸟一只，二位神人后分别为青龙、白虎，两神兽头部沿至第二段神人身后；第四段中有两带羽神人相对而坐，身后各有一对神兽；第五段中间端坐一神人，左侧有一神鸟和一玄武，右侧亦有一神兽。双弦纹圈外饰有铭文一周，且文字多减笔，难以识读。云纹窄缘。

三国环绕式神兽铭文镜

　　直径 13.4cm，圆形，半球钮，圆钮座。钮座外饰以一周连珠纹。主纹饰以四只口含钜的神兽为界，分为四组：一神正面端坐、头戴三山冠，当为东王公，两侧有龙虎相伴；与之相对的组图为头饰戴胜的西王母，两旁有虎、青鸟；其右侧中间为伯牙，双手作抚琴状，琴横于膝上，左右各有一个倾听者，其一或为钟子期；与之相对有一神居中端坐，头饰冠冕，或为黄帝，其侧有一侍者与朱雀。主体纹饰外为一周半圆方枚带，半圆上饰以涡纹，与方枚间饰以珠点纹。方枚中各有四字，合为："吾作明竟，幽湅三商，配象万疆，周刻无极，白牙抚琴，众神见容，天禽并存，福禄自从，千□百□，富幸番夷，子孙番昌，其师命长。"主纹外饰一周栉齿纹，纹外一周弦纹与一周连珠纹夹一周纹饰带，饰有六龙驾云车，曦和捧日，

羽人御龙，羽人骑虎等图案。卷云纹镜缘。

　　白牙，即伯牙。《吕氏春秋·本味》："伯牙鼓琴，钟子期听之方鼓琴儿在太山，钟子期曰：'善哉乎鼓琴，卫卫乎太山，少选之间，而志在流水。'钟子期又曰：'善哉乎鼓琴，汤汤乎若流水。'钟子期死，伯牙破琴绝弦，终身不复鼓琴，以为世无是复为鼓琴者。"

　　"其师命长"，这里的师指的是铸镜的匠师。"其师命长"一般是对铸镜匠师的祝福。类似镜铭表述还有"太师命长"，是对名望较高的铸镜匠师的祝福，"与师命长"则是要表达拥有者或使用者"像铸镜师一样寿命长久"的寓意。* 然而，这些祝辞多为铜镜铭文中的格套语，并无实际意义。

---

* 苏奎：《铜镜铭文"其师命长"的考察》，《考古》2009 年第 3 期。

三国 "位至三公" 变形四叶纹兽首镜

直径 11.3cm，圆形，圆钮，圆钮座。座外弧线四边形四委角接蝙蝠形四叶纹，四叶内各一字铭，合为"位至三公"。四叶间饰兽面纹，其外为十六内向连弧纹带，连弧间有草叶纹。菱状变形叶纹缘。

"三公"，为古代中央三种最高官衔的合称。周以

太师、太傅、太保为三公。《书·周官》："立太师、太傅、太保，兹惟三公，论道经邦，燮理阴阳。"一说以司马、司徒、司空为三公（《汉书·百官公卿表序》）。西汉以丞相（大司徒）、太尉（大司马）、御史大夫（大司空）为三公，东汉以太尉、司徒、司空为三公（《通典职官一》）。

三国环绕式神兽铭文镜

　　直径 11.6cm，圆形，圆钮，圆钮座。内区三组神人及四神兽相间环绕。三神人头戴三山冠，侧身各有一侍者，且侍者均立于乳钉一侧。三瑞兽口含钜。外区有凸起的半圆和方枚相间排列，每一方枚中有一字，合为"吾作明镜，幽涷三商，大吉□□"，每一半圆上饰以祥云纹，且方枚半圆间有点状纹。半圆方枚带外饰一周栉齿纹，其外饰神人禽兽纹带。菱形云纹缘。

三国六朝变形四叶佛像对凤镜

直径18.3cm，圆形，圆平钮，圆钮座。座外四瓣桃形叶将镜背分成四区，每区有两只相对的凤鸟，凤鸟振翅翘尾。四叶瓣中一瓣有神佛驭龙纹饰，与之对应的一瓣中为三佛像，居中者头上有项光，坐于莲台之上，中者两侧协侍两佛，头上均有项光；另外两对应叶瓣中分别饰龙和凤纹。主纹外饰十六内向连弧纹，弧内饰龙、凤、

虎、佛、鹿、蟹、鸟等。宽镜缘上也饰有神鸟异兽和佛像。

佛像镜的特点在于，其纹饰中有着与佛像或佛教有关的纹饰，如佛祖、莲、莲台、飞天、居士等。佛像镜是随着佛教传入我国而产生的一个新的铜镜类型。最早的佛像镜是魏晋时期生产的，元明两代数量最多。

三国 "位至三公" 四叶对凤镜

直径13.7cm，圆形，花瓣钮，圆钮座。钮外围以宝珠形四叶纹及八凤纹。四叶内角各一铭文，合读为："位至三公"。图案化的八凤纹，立首垂尾，相互抵接。主纹外内向十六连弧纹。窄镜缘。

三国环绕式神兽铭文镜

直径12.3cm，圆形，圆钮，圆钮座。主纹区饰三神人三神兽绕钮环绕，顺序为：两神人、一神兽、一神人、两神兽。这种神人神兽排列有别于常见的神人与神兽均匀相间排列的同类型铜镜，较为少见。主纹外为半圆方枚带，每方枚有一铭文，已模糊难识，方枚之间用圆凹点纹相间，半圆上饰草叶纹。其外一周栉齿纹，栉齿纹外为铭文带，铭文磨损。三角缘。

三国"太平三年"对置式神兽铭文镜

直径13.4cm，圆形，圆钮，圆钮座。主纹饰内区饰四组神人四组神兽相间对置，神人中头戴三山冠者为东王公，戴胜者为西王母，两人席地而坐攀谈者为老子答问孔子，另一组为抚琴者。外区外为半圆方枚带，方枚内各一铭文。半圆内饰草叶纹。其外一周栉齿纹。栉齿纹外一周铭文带，合读为："太平三年□日□□□□□□

矣王"。素窄缘。三国时期太平年号系吴主孙亮年号，太平三年即公元258年。

纪年铭，指铜镜铭文中直接表明铸镜年份，如"居摄元年自有真"、"建安十年，吾作明镜"等，其中居摄元年纪年镜，为目前发现最早的纪年铭文镜。纪年铭铜镜，对铜镜的分期断代有着重要的意义。

三国对置式神兽镜

　　直径 14.5cm，圆形，圆钮，圆钮座。座外一周连珠纹。主纹内区饰四组神人四组神兽相间对置，四组神人面目已模糊不清。外区纹饰为半圆方枚带，半圆上的纹饰和方枚带上的铭文已经斑驳难以识读。其外一周锯齿纹，镜缘上饰一周禽兽纹和菱形草叶纹。

三国重列式神兽铭文镜

　　直径 13.1cm，圆形，圆钮，圆钮座。主纹分五段，阶段线明晰。第一段中为神人，两侧有禽鸟和羽人；第二段有四神人；第三段神人分作镜钮两侧，神人两侧的青龙白虎跨三、四两段；第四段中间为一神人，两侧有瑞兽张口相伴；第五段中间坐一神人，左侧为禽鸟，右侧为瑞兽。主纹外为铭文带，铭文磨损。云纹缘。

三国对置式神兽铭文镜

　　直径10.2cm，圆形，圆钮，圆钮座。座外一周连珠纹，四神人与四神兽相间对置，主纹外一周锯齿纹，其外为铭文带。云纹缘。

三国"吴王"环绕式神兽铭文镜

　　直径11.4cm，圆形，圆钮，圆钮座。主纹内区为四组神兽相间环绕，其中神人两单两双。外区为半圆方枚带，方枚上饰有铭文，合为："吴王天明□且下□"，半圆上饰草叶纹。其外为铭文带，读为："吾作明竟（镜）□□□□□□□□□"。素窄缘。

晋"君宜高官"变形四叶兽首纹镜

直径 9.9cm，圆形，圆钮，圆钮座。四叶内各有一字铭，连读"君宜高官"，四叶间各有一兽首，兽首正视状。四兽首外为十六内向连弧纹圈带，其各弧间有细乳钉一枚。素宽缘。

晋"君宜高官"变形四叶纹对凤镜

直径 13.2cm，圆形，圆钮，圆钮座。钮座外以变形四叶向外伸出，四叶内各有一字，合为"君宜高官"。图案化的八凤两两相对，每组位于两叶之间。内向十六连弧纹。素窄缘。

晋"元康三年"七乳铭文镜

直径18.4cm，圆形，圆钮，圆钮座。座下覆压二龙一虎，构成内纹区，其中一龙一虎张口相对，龙身均有点珠纹，周围有简单云气纹。外纹区七组纹饰，分别是独角兽和羽人，瑞兽，玄武，白虎，神人捧月，飞狐，朱雀等，以七乳钉相间隔开。其外为铭文带，连读为："元康三年五月造，大毋伤，左龙右虎辟不祥，朱鸟玄武顺阴阳，长保二亲乐富昌，寿极金石如"。铭文带外一周栉齿纹，其外两周锯齿纹夹一周双线波纹。素窄缘。元康，西晋惠帝年号，元康三年即公元293年。

阴阳，古代哲学概念。古代朴素的唯物主义思想家把矛盾运动中的万事万物概括为"阴""阳"两个对立的范畴，并以双方变化的原理来说明物质世界的运动。《易·系辞上》："一阴一阳谓之道"，《礼记·郊特牲》："阴阳和而万物得"，《荀子·天论》有"天地之变，阴阳之化"之说。

晋四兽纹镜

　　直径 10.5cm，圆形，圆钮，圆钮座。内区饰四瑞兽环绕于钮座周围；中区纹饰为双弦纹；外区纹饰由内而外，饰栉齿纹、锯齿纹一周。素窄镜缘，缘上无纹饰。

晋"位至三公"夔纹镜

　　直径9cm，圆形，圆钮，圆钮座。钮上下各有两条平行竖线，线之间上为"位至"，下为"三公"铭文。钮两侧各一夔，二首一身，身躯成"S"形。主纹外一周栉齿纹。素宽缘。

晋对置式神兽铭文镜

　　直径 12.5cm，圆形，圆钮，圆钮座。主纹内区为四
组神人四组神兽相间对置，其中两组对置神人两侧都有神
鸟，一组两神人盘坐交谈，另一组神人面目已经模糊不清。
外区为半圆方枚带，每方枚两侧各一凹面小圆，方枚上
各一铭文，合读为："吾作明竟（镜），可□□□"，
半圆上饰草叶纹。其外一周栉齿纹。栉齿纹外为铭文带。
素窄缘。

晋简化博局镜

直径9.5cm，圆形，圆钮，圆钮座。座外简化博局纹，双线重方格夹十二地支名绕钮排列，博局"T"形纹两侧各两个圆点纹。主纹外一周短斜线纹，其外一周水波纹。三角缘。

第六章

隋唐五代铜镜

隋唐五代铜镜

公元 581 年杨坚建立隋朝，公元 589 年灭掉南方的陈朝，完成南北统一，结束了三百多年南北分裂的局面。随即李渊建立的唐朝统一近三百年时间，社会稳定，经济繁荣，生产力得到高度发展，中外文化交流频繁，开创了一个繁荣强盛的封建社会时代。在生产力大发展的背景下，铸镜业也繁荣起来，产生了造型新颖、制作精巧、纹饰富丽活泼、风格独特多样、中西文化结合的铜镜。封建社会传统铸镜业在这一时期达到了鼎盛阶段。

大体来说隋唐五代铜镜的发展可分为三个阶段：隋至唐初，盛唐时期，中晚唐、五代时期。

第一阶段：隋至唐初。这个时期的铜镜，一是延续了汉魏以来规范化、式样化的风格，四兽、六兽、生肖类瑞兽镜继续生产，镜体以圆形为主，纹饰布局严谨，图案中博局配置和钮外大方格、柿蒂纹和连珠纹钮座等很普遍，但博局纹只有"V"形符号，没有"L"和"T"形符号，而且镜背主纹区多为双高凸弦纹分内外两部分，圈带铭文为善颂善祷的吉祥内容，都是汉代以来铜镜中经常出现的传统铜镜纹饰元素。尽管这一时期也诞生了早期的宝相花纹镜，四神十二生肖镜，但这些铜镜形制、布局、钮座、铭文，甚至镜缘等都有许多共同点。二是

这时期的铜镜也出现了一些创新之处，新的镜种如花鸟镜、蔓草植物纹饰镜一扫传统铜镜呆板的布局，生动活泼而又贴近生活。新的瑞兽镜纹饰没有了以前那样的神秘感，多的是灵动和形象，构图也由先前的规整、紧密有规律变得开放自然，这既继承了瑞兽镜传统，又在风格上出现新的变化。其后瑞兽葡萄和瑞兽鸾鸟镜，就是在瑞兽镜的影响下发展起来的，而瑞兽葡萄镜的外区飞禽，葡萄蔓枝相间旋绕的布局，孔雀鸾鸟图纹等已初步具有后来雀绕花枝镜的风格，揭开了唐代铜镜以花鸟为主题的序幕。

第二阶段：盛唐时期。盛唐时期中国社会经济空前繁荣，文化艺术也迅速发展，铜镜工艺也显示出了崭新的特征和风格，唐式铜镜的新形式、新题材、新风格由确立到成熟的时期，也是中国铜镜富丽绚烂的鼎盛时期。在铜镜的形制上，盛唐镜除了传统的圆形方形外，产生了菱形镜、葵形镜等新式样，内容与形式结合贴切融洽。镜体厚重，锡含量较高，有的铜镜掺银，镜体显得明亮而华贵。这时期的铜镜品种竞相争艳，先是瑞兽葡萄镜、瑞兽鸾鸟镜、雀绕花枝镜、花鸟镜出现流行，后来又有对鸟镜、人物故事镜、瑞花镜、盘龙镜、狩猎镜、月宫镜、

飞仙镜、真子飞霜镜以及特种工艺镜加入，盛唐铜镜种类的丰富是空前的，大有乱花渐欲迷人眼之势。装饰纹饰少了汉魏以来的虚幻而富于写实，镜背纹饰多采用高浮雕和浅浮雕技法刻画，有的两种技法结合，纹饰深浅相宜，花纹结构恰当，富丽大方，精致完美，无不显示浓厚的盛唐气息。这时期的铜镜意在写实纹饰的表现，忽略了铜镜铭文和铭文圈带的装饰，和隋、唐初期的铜镜不同，更有别于汉魏以来的铭文铜镜，这也是盛唐铜镜一个显著特点。

特种工艺如彩绘、镶嵌、鎏金也被用于造镜上。而此时生产的金背、银背工艺是把刻有花纹的金银片镶嵌到镜背上。开元天宝盛世时期还借鉴漆器装饰手法，出现了金银平脱、螺钿镶嵌等新工艺，奢华辉煌之极。铜镜直径一般不超过 20cm，但目前出土的金银平脱尺寸都很大，直径大多达到 30cm，兼之材料贵重，极费工时，可知金银平脱镜必作不寻常之用，其花纹中都有鸾凤，可能充当嫁妆，正所谓"嫁时明镜老犹在，黄金镂画双凤背"。舞凤飞鸾，羽人天马之属穿插在一起，于精整夺目中构造出神秘浪漫的世界。

第三阶段：中晚唐、五代时期。安史之乱是盛唐与中晚唐的节点，也是唐王朝由盛而衰的转折点。至此，唐代社会经济逐渐衰退，生产力发展缓慢，铜镜工艺也急剧下降，无论镜形还是纹饰、技法，都与盛唐时期迥然不同。特种工艺镜在肃宗朝因奢侈费工缘故而禁止生产。一般铜镜主题纹饰除简单粗乱的植物纹样外，含有宗教纹饰的铜镜开始生产，道教色彩的八卦纹和带有佛教色彩的"卐"字纹镜开始流行。八卦、符箓、星象、干支等宗教纹饰使铜镜的装饰显得神秘而单调，没有了盛唐铜镜开放自由的装饰风格，无美可言。形制方面，除圆形镜外，还流行方形和亚字形镜。镜钮多为圆钮，且无钮座。镜缘多为窄缘，镜体比盛唐铜镜更加单薄，少了厚重感，铸造不太精细，失去了盛唐铜镜富丽堂皇、千姿百态的风格。同时，这一时期一部分铜镜的纹饰又开始用镜铭来装饰，圈带式铭文增多，但文字不够工整，排列不够严谨，内容也不丰富。"可以说，这个时期也是整个中国铜镜发展的转折时期，从此以后，铜镜艺术日趋衰落，纹饰、造型、技法都呈现出另一种艺术风格和时代特点"。唐镜衰落一方面原因是唐末铜矿资源的衰竭，对铜镜的铸造也带来不小的打击。

隋四神十二生肖镜

　　直径 16.6cm, 圆形, 圆钮, 圆钮座。弦纹带将镜背分为两区, 内区四神环镜钮排列, 左边为青龙, 右为白虎, 上方为玄武, 下方为朱雀。外区由双线分为十二个格, 每格分别置鼠、牛、虎、兔、龙、蛇、马、羊、猴、鸡、狗、猪十二生肖各一, 生肖形态逼真, 身躯旁饰有云纹。其外一周锯齿纹。素窄缘。此镜四神严格按照其所在方位绕钮排列, 且镜钮上方（古代常指北方）的玄武对齐十二生肖中的首生肖鼠, 排列规整严格, 做工精美。

隋"光正"十二生肖铭文镜

　　直径19.3cm，圆形，圆钮，圆钮座。钮座外刻八字铭文，读为："光正隋人，长命宜新"，每字铭间以圆点纹。其外两周弦纹夹主纹区，区内绕钮饰神人、凤、仙骑、龙、瑞兽等纹。外区由双线分为十二格，每格分别置鼠、牛、虎、兔、龙、蛇、马、羊、猴、鸡、狗、猪十二生肖各一，其外一周锯齿纹。素窄缘。

隋"昭仁"四神博局铭文镜

　　直径 16.5cm，圆形，圆钮，柿蒂纹钮座。座外简化博局纹将主纹分为四区，四区内饰青龙、白虎、朱雀、玄武四灵，四灵旁饰简单云气纹。博局纹中"V"形内饰三叶草纹。主纹外一周连珠纹，其外一周栉齿纹。栉齿纹外为铭文带，读为："昭仁晙德，益寿延年，至理贞壹，鉴保长全，窥妆益态，辩皂增妍，开花黡影，净月澄圆"。素窄缘。

唐"赏得"四兽铭文镜

　　直径9.5cm，圆形，圆钮，钮座残。钮座外主纹饰区四兽绕钮奔驰；外区以一圆凸点为始有五言诗一首"赏得秦王镜，判不惜千金。非关欲照胆，特是自明心。"文外有栉齿纹一周。短斜线纹缘。

　　《西京杂记》中记载，相传秦始皇曾得一镜，该镜可以照出人的"肠胃五脏"，甚至可以照出人的"疾病"和"邪心"，故秦镜可以用来辨别忠奸。后来此说得以引申，秦镜也就成了政治清明之道的象征。

唐海兽葡萄镜

　　直径 12.5cm，圆形，伏兽钮。双线高弦纹将镜背纹饰分为内外两区，内区四海兽攀援于葡萄枝蔓当中，姿态各异。九串葡萄排列于高弦纹内侧；外区八只鹊鸟戏于枝蔓，同葡叶、葡萄串相间绕成一圈，围在高弦纹外侧。镜缘饰一周叠云纹。

　　所谓海兽并非海中的动物，"海"和"胡"字一样，都用来指外来物，如海石榴、胡麻等。它与外国存在某种联系是一定的，但"海兽"究竟为何种动物一直没有定论，有人认为是狮子，和唐代盛行的摩尼教有关。当时人们还把外来的狮子比附为狻猊，如《全唐诗补编·全唐诗续拾》卷三十六《乡乐杂咏五首·狻猊》："远涉流沙万里来，毛衣破尽着尘埃。摇头摆尾驯仁德，雄气宁同百兽才"。而海兽究竟是狮子还是狻猊亦或者是其他，众多纷纭，海兽葡萄镜也因此被称为"多迷之镜"。

唐海兽葡萄镜

　　直径 13.5cm，圆形，伏兽钮。双线高弦纹将镜背纹饰分为内外两区，内区五海兽攀援于葡萄枝蔓当中，或走或卧，海兽躯体上的鬃毛、兽角、爪等都清晰可见，葡萄纹与五瑞兽相间环绕；外区饰瑞兽、雀鸟、葡萄相间环绕。镜缘处饰卷叶草纹。

唐海兽葡萄镜

　　直径 10.3cm，圆形，伏兽钮，钮残。双线高弦纹将镜背纹饰分为内外两区，内区四海兽攀援于葡萄枝蔓中，瑞兽丰腴柔健，姿态各异；外区饰有或飞或栖的禽鸟掩映在环绕成圈的葡萄枝蔓当中。

唐海兽葡萄镜

　　直径 9.6cm，圆形，伏兽钮。双线高弦纹将镜背纹饰分为内外两区，内区四海兽攀援于葡萄枝蔓当中，姿态各异，七串葡萄排列于高弦纹内侧；外区八只鹊鸟戏于枝蔓，同葡叶、葡萄串相杂绕成一圈，围在高弦纹外侧。镜缘饰一草叶纹。

唐海兽葡萄镜

　　直径 12.1cm，圆形，伏兽钮。高连珠弦纹将镜背纹饰分成内外两区，内区五海兽攀援于葡萄枝蔓当中，五海兽或俯或仰，有的作奔跑状，有的侧转身躯。外区八只形态各异的禽鸟环绕于葡萄枝中。朵云纹镜缘。

唐孔雀海兽葡萄镜

直径 21.1cm，圆形，伏兽钮。高连珠弦纹将镜背纹饰分成内外两区，内区两只孔雀间以两组瑞兽，瑞兽姿态各异。两雀一只曲颈向前，一只回首张望。孔雀间有十二串葡萄及蔓枝。外区不同姿态的禽鸟八只，瑞兽四只，相间环绕，并夹以蜻蜓、蜂蝶及二十串葡萄，纹饰细致，繁复精美。朵云纹镜缘。

孔雀如葡萄一样，盛产于西域等地。孔雀纹在唐镜纹饰中的流行，还与佛教相关。如同狮子一样，佛教视孔雀为神禽，孔雀的佛家语为摩由维，佛教中有一菩萨就名为孔雀明王。

唐海兽葡萄镜

　　直径9.8cm，圆形，伏兽钮。绕钮的一周葡萄枝蔓将纹饰分内外两区，内区饰四海兽攀援于葡萄枝蔓中，姿态各异。外区饰四只雀鸟和一周葡萄枝蔓。朵云纹镜缘。

唐海兽葡萄镜

　　直径9.7cm，圆形，伏兽钮。高连珠弦纹将镜背纹饰分成内外两区，内区四海兽同向攀援葡萄枝蔓，四兽形态多作伏状，露出背脊。外区饰形态各异的雀鸟、蝴蝶环绕于葡萄枝蔓中。朵云纹镜缘。

唐海兽葡萄镜

直径 10cm，圆形，伏兽钮。高连珠弦纹将镜背纹饰分成内外两区，内区饰四海兽攀援于葡萄枝蔓中，姿态各异。外区饰九只形态各异的雀鸟和一周葡萄枝蔓。朵云纹镜缘。

唐海兽葡萄镜

直径 12cm，圆形，伏兽钮。高连珠弦纹将镜背纹饰分成内外两区，内区五海兽同向攀援葡萄枝蔓，瑞兽形态不同，多作匍匐状，露出背脊，有的尾巴细长，有的为帚形短尾。外区饰八只雀鸟，蜂蝶，交错于葡萄枝蔓当中。朵云纹镜缘。

唐瑞兽铭文镜

　　直径 12cm，圆形，圆钮，圆钮座。钮座外饰五瑞兽，均呈奔走状，有的回首张望，躯体周围饰云气纹，其外一周锯齿纹和栉齿纹。高弦纹外为铭文带，合读为："光流素月，质禀玄精，澄空鉴水，照回疑清，终古永固，莹此心灵。"铭文带外一周粗栉齿纹，其外一周宽锯齿纹。素窄缘。

唐双兽双鸾花枝镜

直径 16.4cm，圆形，圆钮，八出菱花形钮座。素底，主纹饰区瑞兽和鸾鸟各一对，瑞兽双鸾形态清晰逼真，两株折枝花饰于双鸾之下。素窄缘。

唐葵形四花镜

直径 15.5cm，圆形，圆钮，无钮座。钮外四种不同的大花枝，每一花枝并蒂分为两瓣，一瓣为宽大的花叶，一瓣为花苞。四瓣叶中两组瓣比较相同，一是叶中有含苞未放的花苞，一是叶中有满开的花瓣。四瓣花苞中有两瓣近似，为绽开的蓓蕾，一瓣蓓蕾初绽，一瓣含苞未放。

唐亚字形花草鸟兽镜

　　长 12.1cm、宽 12.1cm，亚字形，八瓣莲花钮。弦
纹将主纹饰分割成内外两区，内区纹饰对凫振翅飞行，
对鹿奔驰，其间隔有花草；外区花鸟绕弦纹一周。素窄
厚缘。根据纹饰的寓意，"凫"与"福"谐音，"鹿"
同"禄"音近，所以此镜纹饰充满福禄吉祥之意。

唐双鸾衔绶鸳鸯葵形镜

　　直径13cm，八出葵花形，圆钮，无钮座。钮外左右各一口衔绶带鸾鸟立于莲花上相对，钮上部悬有一花，下部一鸳鸯立于枝上，口衔嫩枝。镜缘八出葵瓣中折枝花与灵芝纹相间环列。细缘。

　　"绶"为古代丝带，用以系佩玉、官印、帷幕等。绶带的颜色常用以标志不同的身份与等级如丞相配金印紫绶，御史大夫配银印青绶等。长绶因与"长寿"谐音，所以它常作延年益寿的象征。铜镜背后饰有长绶的纹饰，正是人们追求长寿的体现。

唐双兽双鸾菱花镜

　　直径13cm，八出菱花形，圆钮，变形八瓣花卉纹钮座。钮座外二兽二鸾相间环绕，一兽向前奔驰，一兽奔走回望，双鸾衔枝振羽。禽兽之间配置四组"蝶恋花"纹饰。八出菱瓣间以云纹和蝴蝶纹。素窄缘。

唐"千秋"双鸾瑞兽花鸟镜

　　直径 22.3cm，八出葵花形，内切圆形，圆钮，无钮座。镜钮左右各立一鸾凤，振翅翘尾起舞。钮上方有一奔驰瑞兽，体态似马有角，备鞍，口衔葡萄蔓枝。钮下仿一株带果实葡萄枝，一只鹦鹉展翅立于葡萄串之上觅食。宽镜缘上为两两对称的四组纹饰，一组为盛开的葵花中有"千""秋"二字，另一组为如意云头纹，三组为两叶一苞折枝花，四组为方胜。

　　玄宗朝时期的农历八月五日是李隆基生日，即"千

秋节"，有皇帝向群臣赐镜的传统，百官也可以贡给皇帝铜镜或相互赠送铜镜。玄宗皇帝曾有诗《千秋节赐群臣镜》一首"铸得千秋镜，光生百炼金。分将赐群后，遇象见清心。台上冰华澈，窗中月影临。更衔长绶带，留意感人深。"千秋节始于开元十七年（公元 729 年），天宝七年（公元 748 年）改千秋节为天长节，此镜铸有"千""秋"二字，当是公元 729～747 年间的贵族用镜。

唐双兽双禽菱形镜

　　直径 6.9cm，菱花形，伏兽钮，无钮座。主纹饰区两兽两禽鸟相间环绕于葡萄蔓枝间，兽走禽立。主纹区蔓枝延至外区，与八组相间环列的葡萄、葡叶相连。

唐"卍"字镜

　　长 11.9cm、宽 11.9cm，亚字形，圆钮，无钮座。以钮为中心，饰一双线"卍"字纹。素窄缘。"卍"字在梵文意为"吉祥万德之所集"。佛教认为它是释迦牟尼胸部所现的"瑞相"，用作"万德"吉祥的标志。武则天长寿二年（693 年）定此字读为"万"。

唐四鸟绕花枝镜

　　直径21cm，菱花形，半球钮，无钮座。内切圆形，钮外四雀鸟四折枝花相间环绕，隔钮相对两雀展翅飞翔，拖长尾，一只口衔蜂，一只口衔蝶；隔钮相对两雁双脚站立，羽翼未张，其一只曲颈向下作休憩状。四禽间以形状稍异的两组折枝花，其中一组已开放。镜缘八菱瓣中朵云纹与折枝花相间环列。

唐双兽双鸟绕花枝纹镜

　　直径4.6cm，八瓣外向弧形，伏兽钮，无钮座。双兽双鸟相间绕钮环列，双兽作奔驰状，双鸟立于枝上。兽鸟间有四株花枝纹，并于每委角处各开一梅花。

唐盘龙葵形镜

　　直径15.7cm，八出葵花形，圆钮，无钮座。龙身作"C"形绕钮盘曲，龙首在钮左，面向镜钮。龙角后翘，张口吐舌作吞珠状，背鳍、腹甲、鳞片、肘须均刻画细密；两前肢伸张，后肢一曲伸一直伸，直伸的后肢与尾部纠结，四肢露出三尖爪。龙身四周环绕四朵如意云头纹。素窄缘。

　　唐代最为考究的盘龙镜铸造于扬州，《太平广记·器玩三·李守泰》记载："唐天宝三载（公元744年）五月十五日，扬州进水心镜一面，纵横九寸，青莹耀目，背有盘龙长三尺四寸五分，势如生动。"这种铜镜每年端午之时在扬州江心铸造，所以又称"江心镜"、"水心镜"。

唐四鸟绕花枝镜

直径11.5cm，菱花形，半球钮，无钮座。内切圆形，钮座外双雀双鹊折枝花相间环绕。镜缘八菱瓣中饰蝴蝶纹花草纹相间环绕。

汉东方朔《神异经》云："昔有夫妇将别，破镜人执半以为信。其妻与人通，其镜化鹊，飞至夫前，其夫乃知之。后人因铸镜为鹊安背上，自此始也。"这个传说以镜化鹊来遥报妻子之不贞。后人常以"鹊镜"来咏夫妻之情，鹊鸟也演变成一种喜兆的象征。唐镜花鸟纹饰常以鹊来装饰，有了吉祥的寓意。

唐四鸟绕花枝菱形镜

　　直径 12.6cm，菱花形，伏兽钮，无钮座。主纹为四鸟绕花枝，其中两只振羽飞翔，另外两只中的一只展翅立状，一只展翅回首；四花枝为有叶带苞的折枝花。镜缘八菱瓣中各有一如意云头纹。

唐鸳鸯缠枝菱形镜

　　直径17cm，八出菱花形，圆钮，无钮座。内切圆主纹饰区内四鸳鸯立于忍冬花上，其中一对回首相望，间饰以缠枝花卉，花瓣呈桃形，中心花蕊耸起。镜缘菱花瓣内饰四蝶，以忍冬纹相间。

　　鸳鸯为我国传统文化中的吉祥禽类。古人认为雄者为鸳，雌者为鸯。雄居于左，雌居于右，雌雄偶居不离，

古称"匹鸟"，如晋崔豹《古今注》中所说："鸳鸯，水鸟，凫类。雌雄未尝相离，人得其一，则一者相思死，故谓之匹鸟。"它们白天并翅而游，晚上交颈而睡。鸳鸯情感专一，即使失偶后，也终生不再求配。唐卢照邻《长安古义》有"愿做鸳鸯不羡仙"之句，赞美了男女间恩爱幸福、忠贞不渝的美好爱情。

唐瑞兽鸾鸟菱形镜

　　直径15.9cm，八出菱花形，内切圆形，圆钮。钮外二瑞兽二鸟相间配置。一鸾鸟展翅站于花枝上，翘尾低头，口衔花草，躯体前后饰含苞花卉枝叶；隔钮对应的另一只鸾鸟站于枝头，振翅，翘尾回首，躯体前后饰含苞花卉枝叶。两组鸾鸟间以两只瑞兽，一瑞兽作散步状，一作奔走状。八出菱瓣中花枝纹与蝴蝶纹相间环列。

唐四仙骑菱形镜

　　直径11.5cm，八出菱花形，内切圆形，圆钮。主纹为一仙人跨仙鹤，一仙人跨凤鸟，另二仙人骑兽。其间有流云纹。边缘八瓣中四只蜂蝶和四株折枝花相间环列。

唐四鸟绕花枝菱形镜

直径 11cm，八出菱花形，内切圆形，圆钮。主纹为四鸟同向环绕花枝，四鸟均振翅绕钮飞翔，一组短颈为燕，另一组颈稍长为大雁。边缘各菱花瓣中四组云纹与四只蝴蝶相间配列。

唐鸾凤纹葵形镜

直径 18.5cm，葵形，圆钮，无钮座。钮座两侧各一凤，展开双翅。双鸾共衔一株花枝，花枝重叠向上展开，花枝交接处一枚花托，连片肥厚的叶瓣垂向左右，花托顶一盛开的花瓣。钮下方一鸾鸟，口衔绶带，振羽飞翔。镜缘上花苞与蝴蝶相间环绕。

四鸟绕花枝菱形镜

　　直径 9cm，菱形，圆钮，无钮座。内切圆形，钮外四禽鸟四折枝花相间环绕。两雀展翅飞翔，两雁双脚站立，羽翼未张。四禽鸟间有折枝花卉。镜缘展翅的蜂蝶与四朵两叶一苞的折枝花相间排列。

唐葵形素面镜

　　直径 10.9cm，葵形，圆钮，无钮座。内切圆形，八出葵花瓣。

唐葵形宝相花纹镜

　　直径14.7cm，八出葵花形，圆钮，无钮座。主题纹饰为两种不同纹饰的花卉纹各三朵相间环绕，一组为六瓣莲花，圆圈中间一圆点外围六圆点表示花蕊。另一组为六瓣海棠，每朵中饰六圆点代表花蕊。素缘。这是唐代比较流行的镜种，主题纹饰相似，仅在局部有所变化。

　　宝相是佛教徒对佛像的尊称，宝相花则是圣洁、端庄、美观的理想花形。此纹饰是魏晋南北朝以来伴随佛教盛行的流行图案。作为佛教的象征花卉，它集中了莲花、牡丹、菊花的特征，是经过艺术处理而组合的花卉图案。唐代社会受佛教文化影响，铜镜背后饰有宝相花纹的，被称为宝相花镜。

唐葵形宝相花纹镜

直径 14.8cm，八出葵花形，圆钮，无钮座。主题纹饰为两种不同纹饰的花卉纹各三朵相间环绕，一组为六瓣莲花，圆圈中间一圆点外围六圆点表示花蕊。另一组为六瓣海棠，每朵中饰六圆点代表花蕊。素缘。

唐葵形宝相花纹镜

直径 18.4cm，六出葵花形，圆钮，花瓣形钮座。主题纹饰区内饰六瓣莲花六朵，每朵花卉圆圈中间一圆点外围六圆点表示花蕊，圆圈外一圈连珠纹带。素缘。

唐葵形宝相花纹镜

直径 20.5cm，八出葵花形，圆钮，花瓣形钮座。主题纹饰分为两种不同纹饰花卉各四朵绕钮相间环绕。一组为六瓣莲花，圆圈中间一圆点外围六圆点表示花蕊，圆圈外一圈连珠纹带；一组委六角形花卉，内为旋转式六叶片，中间圆点代表花蕊。素缘。

唐葵形禽兽花卉纹镜

直径 16cm，八出葵花形，内切圆形，圆钮，无钮座。钮外主纹区为一组口衔绶带的两只雀鸟，一组为两只伏兽。禽兽绕钮相间环绕。边缘弧形处八只飞蝶绕内切圆环绕。

唐葵形鸾鸟系绶纹镜

直径 12.4cm，八出葵花形，内切圆形，圆钮，无钮座。钮左右各一站立鸾鸟，鸾鸟曲颈相对，颈部系绶带，展翅欲飞，镜钮上方双翅云头纹。钮座下方一雀鸟站立在花枝上，口衔花瓣。边缘分别配置四花卉纹和四如意云纹，相间环绕。

鸾鸟是传说中的瑞鸟，《山海经》："女床之山，有鸟，其状如翟，名曰鸾鸟，见则天下安宁。"鸾镜，又称镜中鸾、鸾影、分鸾。鸾鸟三年不鸣，因不见其同类。悬镜以照，以为同类，于是悲鸣冲霄，一奋而绝。后常以此典喻失偶，尤以咏女子失偶自伤为切。以鸾鸟为纹饰的铜镜，一般称为"鸾镜"，鸾镜主要流行于盛、中唐时期，多属妇女使用的梳妆镜，造型丰腴饱满，纹饰精美繁复，透露出盛唐雍容华贵的气韵。李群玉有《伤柘枝妓》诗云："曾见双鸾舞镜中，联飞接影对春风。"镜背鸾鸟喻失偶的说法消失，成为闺阁中吉祥的纹饰。

唐葵形鸾鸟系绶纹镜

　　直径 11.9cm，八出葵花形，圆钮，无钮座。钮左右
各一站立鸾鸟，鸾鸟曲颈相对，颈部系绶带，展翅欲飞，
镜钮上方双翅云头纹。钮座下方一雀鸟站立在花枝上，
口衔葡萄。边缘分别配置四花卉纹和四如意云纹，相间
环绕。

唐葵形双鸾衔绶纹镜

直径10.5cm，八出葵花形，内切圆形，圆钮，无钮座。钮左右各一鸾鸟站在花枝上，鸾鸟曲颈相对，口衔绶带，展翅欲飞，镜钮上下方各一近图案化的宝相花。边缘处饰四朵花叶纹与四蝴蝶相间环绕。

唐十二生肖八卦纹镜

直径15.4cm，八出葵花形，龟形钮，龟伏于一片荷叶上。主纹内区纹饰为八卦纹，外区为十二生肖兽形，绕内区八卦纹环绕。素缘。

唐真子飞霜镜

直径 13.2cm，八出葵花形，内切圆形，龟钮。钮上方饰方枚，内有铭文"真子飞霜"，其上云山日出纹，下方饰池水山石，自池中生出一枝莲叶，即为钮座。左侧一人峨冠博带，坐而抚琴，前设几，几上有笔墨，后依竹林。右侧一凤，栖于石上，凤上方饰六瓣花两枝。外区为铭文带一周，读为："凤凰双镜南金装，阴阳各为配，日月恒相会，白玉芙蓉匣，翠羽琼瑶带，同心人，心相亲，照心照胆保千春。"镜铭之意为夸赞铜镜铸造精美，同时表白了真挚的爱情。镜面内容为"敲竹唤龟，鼓琴招凤"，乃仙人之学。古人以此图案表达永葆青春，容颜不老的美好愿望。素缘。

真子飞霜纹饰主题内容为东汉文士侯谨之隐居鼓琴的故事。* 侯谨之好学，征召称疾不仕，隐居山中，覃思著述。他善抚琴，曾经预言泉水竭而霸者出，能解鸟语，还管地下之事，在南北朝之际暴得大名，被不断神话，变成道家仙人。

---

* 张清文：《从故宫藏"侯瑾之"铭铜镜看"真子飞霜"镜的本意》，《四川文物》2015 年第 4 期。

唐真子飞霜镜

直径 15.8cm，八出葵花形。钮上方饰一只鹤，其上云山日出纹，下方饰池水山石，自池中生出一枝荷叶，叶中伏一龟，正好成为镜背中心的钮与钮座，和《史记·龟策列传》"龟千岁乃游莲叶之上"的记载相吻合。左侧一人峨冠博带，坐而抚琴，前设几，几上有笔墨，后依竹林。右侧一凤，栖于石上，凤上方饰六瓣花两枝。同前一面铜镜不同的是没有"真子飞霜"四字铭文。素缘。

唐盘龙纹镜

直径21.5cm，八出葵花形，圆钮。龙身作"C"形绕钮盘曲，龙头在左，面向中心作吐珠状。双角后翘，张口吐舌头，背鳍、腹甲、鳞片、肘毛均刻画细密，二前肢伸张，后肢一曲伸、一直伸，直伸的后肢与尾部纠结，四肢露出三尖爪。龙身四周环绕五朵如意云头纹。素缘。

唐盘龙纹镜

直径15.1cm，八出葵花形，圆钮。龙身作"C"形绕钮盘曲，龙头在左，面向中心作吐珠状。双角后翘，张口吐舌头，背鳍、腹甲、鳞片、肘毛均刻画细密，二前肢伸张，后肢一曲伸、一直伸，直伸的后肢与尾部纠结，四肢露出三尖爪。龙身四周环绕五朵如意云头纹。素缘。

唐四仙骑镜

直径12cm，八出葵花形，内切圆形，圆钮。主纹为四仙人骑兽跨鹤，腾空飞翔，同向绕钮。仙人头戴冠，披帛穿过两胁，在背部呈方圆弧形分成两股向后飘拂。其中二仙人跨仙鹤，两鹤展翅伸颈，作疾飞状。另二仙人骑瑞兽，二兽四肢奔腾，作迅跑状。花枝蜂蝶纹缘。

唐素面弦纹镜

直径 15cm，圆形，圆钮。素面，一周粗弦纹将主纹区分成等分宽度的两部分，整体显得厚重朴实。三角缘。

唐素面弦纹镜

直径 10.2cm，圆形，圆钮。素面，一周粗弦纹将主纹分成两部分。素宽缘。

唐花枝镜

直径 15.7cm，圆形，圆钮，花瓣纹钮座。座外一周凸弦纹。弦纹外主纹区为四株叶茂花盛的大花枝，四花枝间以四牵牛花。素缘。

唐素面镜

直径 16.3cm，圆形，圆钮。素面无纹饰，无镜缘。

唐"宫"字钮镜

直径9cm，圆形，圆平钮，钮上一"宫"字。主纹素面无纹饰，宽镜缘。

唐星形"开元通宝"铭文镜

直径6cm，八角星形，圆钮，扁平。钮座外内切圆内仿开元通宝钱饰"开元通宝"四字铭文。

第七章

两宋辽金铜镜

两宋辽金铜镜

公元 960 年，北宋建立而后完成局部统一，与之并存的政权有北方的辽，西北的西夏和后起的金。公元 1127 年，南宋开始，与之并存的政权有北方的金以及后来的蒙古，西北的西夏，西南的南诏等政权。无论是北宋还是南宋政权，都与周边的政权长期对峙，战乱频繁，致使铜料紧缺匮乏，铸镜工艺深受影响，中国古代铜镜工艺进入了衰落时期。但两宋的社会经济是发达的，商品经济空前繁荣，也促进两宋铜镜铸造业又有回升情况，并形成了独具特色的宋镜。

北宋统一后，随着社会经济的恢复和发展，铜镜制造业又有了回升的情况，综观宋镜的发展有三个阶段：

第一阶段，北宋初期。这时仍然保留唐末五代铜镜特点，镜体厚，纹饰粗犷，线条粗，重实用而轻图纹。唐代以来的菱形镜、葵形镜、亚字形镜还在模仿生产，但工艺却不如唐镜，唐镜含锡量普遍高，所见出土唐镜多以银亮或黑亮色为主。而宋初铜镜虽仿制唐镜，但也仅是仿制其形而忽视其质，镜子的铜质不如唐镜，工艺简单，镜体单薄，合金比例不协调，易锈蚀。

第二阶段，北宋中期到两宋之际。这时期是北宋社会经济逐步发展时期，手工业的进步唤起了匠师们对镜形的思考，由先前的仿唐镜式样，转变为改变唐镜式样，如把唐镜八出菱花形镜、八出葵形镜改成六出菱形镜和六出葵形镜，纹饰流畅纤细，精致不少。花卉纹镜重新流行起来，常见花卉有牡丹、芙蓉、桃花、菊花、荷花等，构图有的枝叶相连盘绕，有的散点装饰，写实性强，描绘逼真，具有强烈的现实感和韵律节奏感。镜钮由唐代以来的大钮改成无钮座小钮，铜质也有所提高。

第三阶段，南宋时期。南宋是宋镜形制繁荣的一个时期，除了圆形、菱形、葵形、亚字形镜外，产生了带柄镜、钟形镜、盾形镜、长方形镜、瓶形镜、扇形镜等新的式样，这也是宋镜在形制上的一个创新。纹饰上多采用浅浮雕和以凸线条组合的表现手法。而曾经一度消失的铭文镜也在这个时候流行起来。

宋代铜镜虽然不能与汉唐铜镜媲美，但还是有自己的特点，在中国铜镜发展史上有着自己的地位。

首先，形式多样化是宋镜的一个重要特点，除了常见的形制外，还有上述的新形制铜镜。然而，宋代铜镜的式样虽然丰富，但有的不能与纹饰内容相协调，显得单调，美感较弱。

其次，题材集中是宋镜的特点之一。主要题材有三类，第一类生活写实类铜镜，常见的有双凤镜、双鱼镜、花卉镜、连钱纹镜等，这些是在宋代写生花鸟画的基础上，采用细致入微的细线浅刻手法，整个装饰画面显得纤细秀丽，生动活泼，具有较强的艺术感染力，体现了宋代铸镜师的卓越工艺。第二类题材的铜镜以宗教色彩镜为主，常见的有神仙人物故事镜、仙人龟鹤镜、仙人驾鹤镜、人物楼阁镜等。这些镜类多采用粗线条画法描述仙界事物，突出令人向往的仙界意境。第三类是铸以诗文题记的铭文，如"安明富贵，弗剑而镜"、"菱芳耀日，冰光照室"、"皎月澄河，晓云清波"等吉语祥句。

字号商标镜铭的大量出现是宋镜的最重要特点。许多字号都冠以州府名、标明姓氏，有的还镌刻店铺所在地，不少铭文都注明"真"、"真正一色"等宣传字样，这表明宋代铜镜商品生产的发展和商品竞争的加剧。一些重要铸镜地区和铸镜者或商铺的产品受到人们的欢迎，其中最为著名的铸镜地区有湖州、建康、江西饶州和四川成都。

宋代由于边患较紧，铜禁极严，地方官工制造的铜镜都刻有当地州县检验的边款和花押，标明铸造的时间、地点、官匠姓名。式样以圆形为主，小钮。有的钮上方

铸有"官"字，钮两侧分别铸有"都省铜坊"、"匠人××"，如所见的有的"都省铜坊官，匠人谢昭"、"都省铜坊官，匠人倪成"、"都省铜坊官，匠人房宗"、"政和元年正月十一月益都官郝元刻"等。都省铜坊镜也是宋镜的一个特殊镜种。

辽代铜镜受宋代铜镜影响很深，形制和纹饰除了继承宋代铜镜的艺术风格和特点外，还出现一些新的特点，如镜上出现契丹铭文、镜缘上錾刻官府验记文字和押记等。辽镜中除了纪年镜、花卉纹、双鱼纹、历史人物故事、童子戏花镜外，仿汉、仿唐镜也常见。但目前所见辽代铜镜的数量是不多的，这和辽境内的铜资源匮乏有很大关系。加上契丹民族铜镜铸造业本来就不算发达，所以铜镜发展便受到了很大的限制，辽代铜镜也就很难创新，以致常常被后来的铜镜研究者所忽略。

南方铜镜自唐末、五代起日趋衰落，金代铜镜却在北国异军突起，呈现出多样化的风格，纹饰丰富，特征明显，或是体现了金代独特的文化习俗，或是打上了中原文化交流的烙印。常见的金代铜镜有双鱼镜、历史人物故事镜、盘龙镜、瑞兽镜、花卉纹镜等，镜体较为厚重。

宋盾形衔环人物纹镜

　　长13.5cm、宽10.5cm，盾形，残钮衔环。纹饰较模糊，

似树下三人座谈，左侧面向外疑为一侍者。素窄缘。

宋宝瓶形四灵纹镜

高 17.7cm，宝瓶形，无钮，瓶口边沿有对穿孔，疑为栓系铜镜所用。瓶腹内切圆中白虎、玄武、青龙、朱雀四灵绕内小圆排列。瓶肩部饰一折枝花，颈部饰一振羽鸾凤。

宋带柄"陈彦忠造"菱形镜

直径9.2cm、柄长7.8cm，镜体为六出菱花形，无钮。

主体纹饰为一枚方印，印文为"陈彦忠造"。

宋双鸟镜

直径9.7cm，圆形，弓钮。主纹两鹦鹉回环绕钮飞翔，
形态姿势相同，钩喙圆眼，振起双翅，曳着长长的尾羽，
尾端细尖。素缘。

宋连钱纹镜

　　直径 13cm，圆形，弓钮。钮外四只蝴蝶构成花蝶纹饰，主纹区满饰连钱纹，素缘。

宋折枝花镜

　　直径 8.3cm，圆形，圆钮。主纹区被两折枝花布满，线条细腻流畅，两折枝花间靠镜钮上部饰团点纹。主纹外一周连珠纹。素缘。

宋荷叶纹镜

直径7cm，八出葵花形，萼片形钮座。主纹饰荷叶叶脉纹，杂以若干椭圆形小圆饰荷叶上的水珠。主纹连同葵花形制，若一片荷叶，富有田园气息。

宋连钱方形镜

长、宽22.9cm，方形，圆钮，菊花纹钮座，座外一周连珠纹。主纹为分内外两区，内区由连珠线纹构成八横八纵方格纹，每格内有点状纹构成的小花瓣。外区纹饰为连钱纹，每钱空中间饰点状花瓣纹。其外两周连珠纹夹一周栉齿纹。素缘。

宋折枝花方形镜

　　长、宽 10.8cm，方形，圆钮，花卉纹钮座。主纹区两朵花环绕钮配置于方形四内角处，花瓣向对称角开放，另一对对称角被枝叶布满，叶瓣脉纹清晰。其外一周方折连珠纹带。素缘。

宋亚字形菊花纹镜

　　长、宽 17.8cm，亚字形，圆钮，菊花纹钮座。主纹为四朵向四角盛开的菊花，花叶线条流畅、花瓣团簇、花蕊刻画细腻，清晰逼真。每只菊花间均饰形态各异的蝴蝶，镜钮下的两花间饰两只蝴蝶，左侧两花间饰简单云气纹。素缘。

宋亚字形"长命富贵"铭文镜

长、宽 15.9cm，亚字形，圆钮，菊
花纹钮座。两对称角处饰两只振翅翘尾的
凤凰，另一组对称角处分别饰一只鸳鸯栖
息于莲花之上。两凤两花间以"长命富贵"
四字铭文，每字铭边均饰一如意云头纹。
素缘。

宋亚字形孔雀纹镜

长、宽 12.5cm，亚字形，圆钮。主
纹饰两只振翅的孔雀绕钮飞行，孔雀曲颈
抽象，羽纹清晰，曳尾将对称角铺满。躯
旁饰简单如意云头纹。素缘。

宋亚字形连钱纹镜

　　长、宽 15.7cm，亚字形，桥形钮，花瓣形钮座。钮座间花瓣生出花蕊，其外一周连珠纹夹在两周弦纹间。镜背满饰圆形钱纹，每个单元图案为五枚钱纹相叠，形成一个以原点为中心，十字形四叶展瓣的花卉。四枚圆钱相切形成的弧形四边形内饰五个小圆点。每个圆圈又似一个一个相连的毯纹。素宽缘。

宋亚字形缠枝牡丹纹镜

长、宽 18.5cm，亚字形，圆钮，花瓣纹钮座。主纹饰四株带枝牡丹，花叶细致，花枝诘屈，流畅自然。每株牡丹旁饰点珠纹构成的小花朵若干。主纹外一周连珠纹。素缘。

古无牡丹之名，统称芍药，后以木芍药称牡丹。一般谓牡丹之称在唐以后，但在唐前，已见于记载。至唐开元中盛于长安，至宋以洛阳为冠，在蜀以天彭为冠。群花品中，牡丹第一、芍药第二，故世谓牡丹为花王，芍药为花相。刘禹锡《赏牡丹》诗曰："唯有牡丹真国色，花开时节动京城"，可见唐人偏爱牡丹，并称其为"富贵花"。

宋楼阁人物镜

　　直径 15.2cm，八出菱花形，圆钮。钮右上方，山岩上半露楼阁，半扇门闭，半扇微开，楼阁表现十分逼真，鸱吻、屋瓦、斗拱、板门都一一刻画出来。钮左侧山岩和大树一株，枝叶茂密。树下河岸更似长桥。桥一端有三人，中间一人站立，两侧各一侍者手执宝扇，其前方站立两人，手持幡物。桥另一端一人，头戴冠，倾身向前。素缘。

宋仿汉龙虎对峙铭文镜

直径11.3cm，圆形，圆钮，圆钮座。座下覆压一龙
一虎张口对峙，两兽口间夹一火形纹。龙虎身躯上饰若
干圆点纹，代表关节。主纹外一周铭文带，读为："青
盖作竟（镜）佳且好，子孙□□□□□□□□寿如金石，
大吉。"铭文带外一周栉齿纹。镜缘上饰一周锯齿纹和
双线波纹。

宋仿汉"昭明"重圈铭带镜

　　直径 16.3cm，圆形，圆钮，并蒂连珠钮座。座外两凸弦纹，每条弦纹内外侧饰栉齿纹。内区篆书："内（纳）清质以昭明，光辉象夫日月，心忽（汤）穆愿忠，然雍塞不。"外区铭文为："姚（眺）皎光而耀（曜）美，挟佳都而丞（承）闲，怀驩（观）察而恚予，志存神而不迁，得竝观而不弃，精（请）昭析（皙）而汙侍乎君之。"素缘，缘刻"河中□事官□"。

宋仿汉"家当富贵"博局铭文镜

直径18cm，圆形，圆钮，圆钮座。座外方格内切圆中八枚小乳钉间以铭文"左家相弓（公）"，方格四角各一字铭，读为："家当富贵"。博局纹将内区分为四方八区，分别配置四灵等纹饰。四灵与瑞兽等隔着"V"形纹两两相对，分别是：白虎与禽鸟，朱雀与禽鸟，青龙与瑞兽，两瑞兽。八枚带连弧纹座乳钉夹"T"形纹排列。主纹外饰栉齿纹一周。镜缘由内而外饰锯齿纹，及四兽草叶纹。根据铭文"左家相弓（公）"，此镜大概是当时的一枚定制镜。

宋仿汉"宜侯王"龙虎镜

直径 11.5cm，圆形，圆钮，圆钮座。座下覆压二龙一虎，三兽张口绕钮环列，躯体上若干圆点饰关节，躯旁饰简单云气纹。其中一龙口前三字铭文："宜侯王"。主纹外一周栉齿纹，镜缘上饰两周锯齿纹夹一周双线波纹。

宋仿汉草叶纹镜

直径13cm，圆形，伏兽钮。钮外一细线小方格和一
凹面大方格，格内每边缪篆体铭文，合读为："见日之光，
天下大明，用者必富"。方格四角外各饰一枚带座乳钉，
每乳钉间饰蟠螭纹。内向十六连弧纹缘。

宋仿汉"昭明"重圈铭带镜

　　直径 11cm，圆形，钮残，连珠纹钮座。座外一周短斜线纹。两凸弦纹夹内铭文带，铭文为："见日之光，长毋相忘"。其外两周短斜线纹夹外铭文带，读为："内清质以昭明，光辉象夫日月，心忽而愿忠，然雍塞而不泄。"素缘。

宋仿汉乳钉纹镜

　　直径 7.5cm，圆形，花瓣钮。钮外饰简单旋纹。凸弦纹带与短斜线纹夹主纹区，区内均匀分布四枚带座乳钉，每乳钉间饰三枚连珠。内向十六连弧纹镜缘。

宋仿唐海兽葡萄镜

直径 14.1cm，圆形，伏兽钮。高弦纹将镜背纹饰分为内外两区，内区六瑞兽攀援于葡萄枝蔓当中，姿态各异。九串葡萄排列于高弦纹内侧；外区八只鹊鸟和四只瑞兽戏于枝蔓，同葡叶、葡萄串相杂绕成一圈，围在高弦纹外侧。镜缘饰一周草叶纹。

宋双鱼镜

直径 14cm，七出菱花形，弓形钮。钮两侧各一鱼，两鱼首尾方向相反排列，镜缘细窄。宋双鱼镜不像金代双鱼镜纹饰有生气，也无水波纹，镜体没有金代同类镜体厚重。

宋仙人鹤鹿同春镜

　　直径 19.6cm，圆形，圆钮。钮右侧一树，枝叶横生至镜上部，左侧山石中隐现出屋宇的一扇门，一只仙鹤从开的山门中探出头部。树下坐一老者，旁边一侍者，手托盘，盘中有物，山门下亦立一侍者，手中持瓶，余烟袅袅。身前一鹿款款跨桥而行。素缘。

宋带柄双凤镜

长18cm，圆形带柄。双凤作相对式排列，两凤头在镜中心相对。头部结构比较复杂，羽翅刻画细致，凤尾呈卷草纹。

宋带柄双凤镜

直径11cm、柄长9cm。双凤作相对式排列，两凤头在镜中心相对，中间饰一云气纹。其中一凤曳着长长的尾羽，头部刻画细腻，另一只凤曲颈回望，尾部呈变形蟠虺纹状。素缘。

宋缠枝婴戏纹镜

直径 15.4cm，圆形，圆钮，圆钮座。主纹饰四株莲花，每株莲花间以四孩婴，每婴姿态不同，手持缠枝花叶，嬉戏于两莲花中间。主纹外饰一周弦纹。素缘。

宋缠枝四花镜

直径 25.5cm，八出菱花形，圆钮。以钮为中心，一根枝蔓分枝回卷，三枝向左旋，一枝向右旋，悠长而圆曲的枝蔓上茎叶穿插交叠，葩萼飘逸，枝顶花瓣纤细秀丽，对称排列。素缘。

宋达摩渡海镜

　　直径13cm，八出菱花形，圆钮。达摩渡海，又称仙人过海、罗汉渡海、和尚闹海等。钮右达摩身披袈裟，手持伞形法器（或被认为是被海风吹落的头笠）在海浪中行走。钮左海浪中一片云雾升起一座殿宇。素缘。

　　达摩，亦作"达么"、"达磨"，为菩萨达摩的省称，他为中华禅宗初祖，即中国佛教禅宗的创始者。达摩为

天竺王子，本名为菩提多罗。相传他于南朝梁大通元年（公元527年）泛海至广州，梁武帝派使者迎至建康。后渡江往北魏，住嵩山少林寺，在那里面壁九年而化，并传法于慧可。达摩死后，被埋葬在熊耳山空林寺。唐代宗时，被追封为"圆觉大师"。达摩渡海镜，就是取材于达摩渡海至广州的情节。

宋仙人龟鹤齐寿镜

直径 19.5cm，八出菱花形，结形钮。钮右一仙人端坐石上，束发，头部有光晕，其上有星象图。仙人着对襟宽袖长衫，双手平抬至膝上，手持麈尾。左侧一侍者，双手捧仙桃。其上空中一仙鹤翱翔，地上一灵龟伸颈延首蹒跚向仙人方向爬去。

宋仙人龟鹤齐寿镜

直径 19.8cm，圆形，结形钮。钮左一仙人端坐石上，束发，头部有光晕。仙人着对襟宽袖长衫，双手平抬至膝上，手持麈尾。右侧一侍者立于竹子旁，双手捧盘，盘中有仙桃。其上空中一仙鹤翱翔，地上一灵龟伸颈延首蹒跚向仙人方向爬去。素宽缘。同上一面铜镜纹饰相反。

宋"安明"双剑镜

直径 17cm，八出菱花形，弓形钮。中部为两把并列的宝剑，剑身向下，剑首为三叠云头纹，剑格细长。两剑外侧各有一行铭文："安明贵宝"和"弗剑而镜"。

纹饰内容反映了道教活动中镜与剑合二为一的法器功能。《抱朴子·内篇·登涉》："万物之老……唯不能于镜中易其真形耳。是以古之火山道士，皆以明镜九寸以上悬于背后，则老魅不敢近人。"道教仪式用器的最大特征是不以镜与剑为实用器物，而是强调其灵性与神威，并以天帝为其灵性与神威的根据，于是剑与镜成了道教必不可少的法器。在有了镜的情况下，其背后补以剑的纹饰来增强灵力是极有可能的。在我国出土的铜镜中，不少例子可以说明在道教的影响下，镜与剑的结合。*

＊深圳博物馆等编：《镜涵春秋》，文物出版社，2012 年 9 月第 1 版，页 336。

宋鸟语花香水月镜

直径 17.5cm，圆形，圆钮。钮左侧饰梅花一枝，枝头上饰只喜鹊，右侧水纹底上一弯新月。主纹外一周几何回纹。素窄缘。

此镜深受宋代花鸟画的影响，线条细腻，主纹诗意盎然：天上弯月映入水中，岸边伸出一花枝，上有一喜鹊，完全一方扇面小品，画面精致。古人认为，鹊具有感应预兆的本领。鹊为阳鸟，喜欢干燥的环境，其性好晴，其声清亮，所以又称为"乾（干）鹊"。干鹊常为吉兆的象征，以示喜事来临，所以后世干脆就将"干鹊"改称为"喜鹊"，历来在人们的心中喜鹊就是喜庆、吉祥、好运的象征，是喜事来临的先兆。

宋湖州石家镜

　　长 10.3cm、宽 8cm，长方形，小圆钮。钮右侧长方形框内有"湖州示人真石家卸二郎照子"两行铭文。素缘。

　　宋代开国皇帝赵匡胤之祖名赵敬，为谐音避讳，北宋诏令全国讳"敬"之同音字"镜"，改"镜"为"照"，铜镜均称"照子"。南宋绍兴三十二年（公元 1162 年），南宋朝廷下诏不再讳"敬"字，但是 28 年后，即绍熙元年（公元 1190 年），又一次下诏避讳"敬"字。

宋东京镜

　　直径 16.7cm，六出葵花形，钮残。钮右侧长方形框
内有"东京篁道人□天青铜镜"二行铭文。素缘。

　　《宋书·地理志》"东京，汴之开封也。梁为东都，
后唐罢，晋复为东京，宋因周之旧为都。"

宋真州孙家镜

直径12.1cm，六出葵花形，弓形钮。钮左侧长方形框内有"真州元本孙家青铜照子"两行铭文。素缘。

《宋书·地理志》"真州，望，军事。本上州。乾德三年，升为建安军。至道二年，以扬州之六合来属。大中祥符六年，为真州。大观元年，升为望。政和七年，赐郡名曰仪真。建炎三年，入于金，寻复。崇宁户二万四千二百四十二，口八万二千八十四十三。贡麻纸。县二：扬子，六合。"

宋湖州石家镜

　　直径 9.5cm，六出葵花形，弓形钮。钮右侧长方形框内有"湖州真石念二郎家照子"两行铭文。素缘。

　　《宋书·地理志》"湖州，上，吴兴郡，景祐元年，升昭庆军节度。宝庆元年，改安吉州。崇宁户一十六万二千三百三十五，口三十六万一千六百九十八。贡白紵、漆器。县六：乌程，归安，安吉，长兴，德清，武康。"

宋莲塘花草镜

　　直径19cm，六出葵花形，小圆钮。钮下饰水波纹，代表池塘，钮左侧，连接波纹长出两株芦苇，钮右侧从水波纹中长出修长莲花和莲蓬。钮上方长方形框内有"河中府张家真炼铜照子"两行铭文。主纹外饰两周双弦纹，每出葵花瓣中饰对喙鸟纹。素缘。

　　《宋书·地理志》"河中府，次府，河东郡，护国军节度。旧兼提举解州、庆成军兵马巡检事。大中祥符中。以荣河为庆成军。崇宁户七万千九百六十四，口二十二万七千三十。贡五味子、龙骨。县七：河东，临晋，猗氏，虞乡，万泉，龙门，荣河。"

宋河中府张家镜

　　直径 14.3cm，六出葵花形，钮残。钮下饰水波纹，代表池塘，钮左侧，连接波纹长出两株芦苇，钮右侧从水波纹中长出修长莲花和莲蓬。钮上方长方形框内有"河中府张家真炼铜照子"两行铭文。主纹外饰单弦纹一周，每出葵花瓣中饰对喙鸟纹。素缘。

宋饶州叶家镜

直径 16.2cm，荷叶形，小圆钮。钮右侧长方形框内有"饶州叶家青铜照子"两行铭文。素缘。

《宋书·地理志》"饶州，上，鄱阳郡，军事。崇宁户一十八万一千三百，口三十三万六千八百四十五。贡麸金、竹簟。县六：鄱阳，余干，浮梁，乐平，德兴，安仁。监一：永平。"

宋亚字形湖州石家镜

　　12.9×12.9cm，亚字形，小圆钮。钮左侧长方形框内有"湖州石家真青铜镜"两行铭文。素缘。

宋湖州石家镜

　　直径15.3cm，六出葵花形，弓钮。钮右侧长方形框内有"湖州真石家念二叔照子"两行铭文。钮左侧长方形框内有"炼铜照子每两一百"单行铭文。素缘。

宋湖州石家镜

　　长 9.5cm、宽 7.3cm，桃形，圆钮。钮左侧长方形框内有"湖州石家青铜照子"两行铭文。素缘。

宋湖州石家镜

　　直径 12cm，圆形，无钮。镜中心长方形框内有"湖州石十五郎真炼铜照子"两行铭文。素缘。

宋"曹置"镜

直径 12cm，圆形，圆钮。钮上饰一
"曹"字，钮下饰一"置"字。"曹置"，
为曹氏置办的镜子，属私人定制镜。素宽
缘。

宋湖州石家镜

长 10.5cm、宽 7cm，桃形，圆钮。
镜钮右侧方形框内有"湖州石十五郎真炼
铜照子"两行铭文。钮右侧方形框内有"炼
铜照子每两一百文"单行铭文。素缘。

金双龙镜

直径 10.7cm，八出菱花形，圆钮。两龙首尾相接，弯曲的姿势不同，一龙弯曲起伏，另一龙呈"C"字形曲转。双龙鳞爪清晰，张口露角。

金双鱼镜

　　直径 23.4cm，圆形，圆钮。两条鲤鱼同向漫游，水波翻滚。素缘。

　　鱼形图案在中国古代艺术中是一个长盛不衰的题材，由来已久。鱼纹铜镜主要流行于金代，金代之前鱼纹镜数量极少。金代双鱼纹镜都以鲤鱼为主角，这一鱼种是松花江流域数量最多的一种鱼类，女真人除农业劳作外，捕鱼是其生活的重要内容，鱼类与其生活的关系是十分密切的。"鱼"与"余"谐音，在传统社会中也寓意年年有余，寄托了人们对幸福生活的向往。

金柳毅传书故事镜

直径17cm，圆形，圆钮。以钮为限，分为上下两部分，钮及其以上为陆地，钮下为河水。陆地上，沿着镜缘左侧伸出一株大树，树下一男一女，女子衣带飘拂，男子面向女子，身子微向前倾，双手拱起，男女互作倾诉姿态。右侧一人牵马，马头向钮。树下草地上徜徉几只羊。其间有一方框中有铭文"青铜"二字。下部分河水中波涛翻滚，两条鱼在嬉游。素缘。

唐人李朝威传奇小说《柳毅传》记载，洞庭龙女遭夫家虐待，牧羊于郊野，遇到进京赶考书生柳毅，向他诉说不幸，并请他传书洞庭龙王。柳毅欣然答应，骑马东去。至洞庭湖边，三击桔树，乃至龙宫，见到洞庭龙王转交书信，后龙女被接回洞庭龙宫。故事的结局是龙女与柳毅结为夫妻。现有越剧名作《柳毅传书》，演绎的就是这个传说。

金 "煌丕昌天" 海舶镜

　　直径 16cm, 八出菱花形, 圆钮。一艘船落帆扬标行
驶在波涛汹涌的海面上, 水曲纹布满镜背, 波浪峰谷十
分规整, 水中有击起的浪花, 并点缀一些花叶。船头尾
各有数人。钮上部有 "煌丕昌天" 四字铭文, 书体近似
蝌蚪文的变体。素窄缘。

金海舶镜

直径 16.5cm，八出菱花形，圆钮。主纹为一艘船乘风波浪前进，船桅杆竖起，前后舱一高一低，舱中坐满乘客，船首尾各一人。主纹布满波浪纹饰。

宋金时期，铜镜的铸造虽趋于粗糙、简朴，但镜背的纹饰却出现了许多与现实生活十分贴近的题材，此类航海图纹镜即是这一时期出现的一种新风格，充分反映出宋金时期航海业的发达。这类铜镜除在我国有发现外，在韩国亦有发现，其时代也大都在高丽时期（即我国宋元时期）。韩国出土的航海图纹镜中大部分是当地铸造的仿制品或由中国传入的，但也有少量在当地创新铸作，纹样风格更加写实。*

* 《镜涵春秋》页 329。

金"承安三年"铭文镜

直径 9cm，圆形，圆钮。钮外饰简易四奔兽绕钮环列。其外两周弦纹夹铭文带，读为："承安三年上元日陕西东运司官造，监造録事任（花押），提控运使高（花押）。"承安，金章宗完颜璟年号，承安三年上元日，即公元 1198 年正月十五日。素缘。

金"承安四年"铭文镜

直径 16.8cm，圆形，圆钮。内区双鱼首尾相接近，鱼身较肥短，折尾处显得勉强，略显水波纹。外区铭文一周，读为："承安四年上元日，陕西东运司官造，作匠□□□□□□，提控运使高（花押）。"承安四年，即公元 1199 年。素缘。

金"承安五年"铭文镜

直径 12.2cm，八出葵花形，小圆钮。钮右侧有一方框，框内"承安五年，镜子局造"两行铭文。承安五年，即公元 1200 年。素缘。

金菊花镜

直径 15.3cm，圆形，小圆钮。以镜钮为中心，放射出双重弯曲线条，组成一朵菊花，两花瓣反向回旋，线条流畅，飘逸自然。素缘。

第八章

元明清铜镜

元明清铜镜

元朝统一后，手工业开始逐渐恢复。铜镜方面，从目前所见元代铜镜的情况来看，镜形多是采用宋代以来流行的圆形和菱花形式样，但纹饰略显粗糙简单，说明这时期的铜镜铸造工艺水平是低下的。纹饰亦主要为缠枝牡丹纹、花草禽鸟纹、双龙纹、八卦纹、人物故事图案等。铭文镜也比较少见，一般仅为"寿山福海"之类的吉祥语。铭文中也有纪年的，但内容较为单调，行文多作单行排列。元代铜镜种类主要有龙纹镜、汉梵文镜、神仙人物故事镜、八卦镜等。

同时，元代铜镜生产的数量是很少的，一方面这和元代存在时间较短有关，另一方面和当时元政府采取的"禁铜"政策也有莫大的关系。如《元史》中曾有记载："鼓铸铁器，官为局卖，禁私造铜器"，"诏阔江淮铜及铜钱铜器"，"诏天下拘收铜钱"，"禁赍金银铜钱越海互市"，"罢建康金银铜冶转运司"，"金银私相买卖及还舶兴贩金、银、铜钱、绵丝、布帛下海者，并禁之"，"乙丑、禁销毁、贩卖铜钱"，"如有怠慢，初犯事轻者笞四十，赎铜，再罚俸一月，三犯者决。总管府提点官比总管减一等，仍科三十，初犯赎铜，再犯罚俸半月，三犯者决。铺兵铺司，痛行断罪"，"诸出铜之地，民间敢私炼者禁之"，"应公私铁鼓铸，官为局卖，仍禁诸人毋私造铜器"等。

元代甚至还设有专门的铜局和管铜局。对铜资源如此严格的控制，自然很不利于铜镜铸造业的发展，元代铜镜业就不甚发达。

明代社会比较稳定，这不仅促进了铸镜业的稳定发展，也促进了铜镜商品化水平的提高，古代铜镜在经历元代短暂低迷发展后，又重新出现繁荣。目前所见明镜数量不亚于宋镜，从整体来看，大致可分为三种类型：一是仿古镜，二是承宋镜，三是创新镜。

仿古镜

一般而言，我们所说的明代的仿古镜指仿汉、仿唐镜，多半出现在嘉靖、隆庆、万历期间。仿汉镜的形制有昭明镜、画像镜，造型、纹饰仿造得都比较逼真。但区别于汉镜的是将类似昭明镜的形制去掉纹饰变为素镜，而于钮至边缘的区间铸以铭文。如所见一面隆庆元年仿汉昭明镜，钮的右侧纹饰上有"隆庆元年"四字，年款周围没有纹饰，这类铜镜形制比较单一，主要是模仿，以圆形最多。由唐镜演变而来的形制主要是将重圈镜种的弦纹移到镜子的边缘，以便于内区铸以醒目的铭文。还有干脆在仿唐的重圈镜和仿唐的圆素镜上添铸铭文。如仿唐镜的形制有舞凤狻猊菱花镜、瑞兽葡萄镜、重圈素面镜；另有风景人物镜、双鱼镜大约是仿金代铜镜。

承宋镜

除大量的仿古镜外，明代还出现大批形制上承袭宋代镜形的铜镜，虽然宋明两朝以元代间隔，但这种铸镜史上"隔代传"的现象也是很少见的。常见的形制有方形、菱形、炉形、钟形、带柄形等多种宋代开始流行的式样，纹饰没有宋代精细，但比宋镜厚重一些。

创新镜

另外一些具有明代特色的铜镜。如洪武年款镜、万历甲寅铭镜、鎏金龙凤纹镜、双蝠菱形镜、五岳真形镜、八宝纹镜、九世同居镜、任小轩造镜、长方形素镜等。其中洪武年款较多，形制一般为圆形，有钮，周围饰浮雕单体四爪龙，龙尾与爪缠绕，周围有朵云，龙左侧有一长方章形款记："洪武二十二年正月日造"。此类镜多为圆形，有的带二腿形支架。双蝠菱形镜是宫廷内府造，铜质非常精细，镜缘凸起，两侧饰双蝠，纹饰周围填黑漆。

明代民间铸造的铜镜传世数量很多，总体上看，铸镜的技术和质量，远不及宫廷内府造镜。民间铸镜注重实用，形制简朴、胎质较厚、较粗，铜镜上常有匠人的姓氏名称等。如任小轩造镜，这是民间私人铸造的。圆形，镜背略凹，钮右侧饰标记纹饰及"任小轩造"四字，铸造简单，无其它纹饰。民间的另一种镜子为吉语镜，常以"长命富贵"，"五子登科"，"早生贵子"等吉祥铭文装饰。

进入封建社会末期的清代，铜镜制造业由于自明朝起玻璃镜的广泛使用而迅速衰落，远远不如明代。总的来说，这一时期民间铜镜质料低劣，纹饰模仿前代，但又很简单，制作粗糙。除了一些守旧之人和偏远地区还在使用之外，铜镜的用途发生了异化，作结婚时象征和美团圆，以嫁妆的形式在流行，或悬于门楣之上作镇宅除妖之用。这时期以湖州薛晋侯（惠公）铸镜最著名，以方形镜为主，偶有圆形或带柄形制镜。薛镜用料苛求，质地均匀，铭文端庄工整，镜体厚重，代表清代民间作坊铸镜的较高水平。与民间粗糙铜镜形成迥然不同风格的是精美考究的宫廷镜，而即便如此，宫廷镜也只有乾隆朝时期才达到精美的程度。如乾隆款博局纹镜、乾隆款瑞兽葡萄纹镜，是仿汉、唐镜，镜钮上有"乾隆年制"，纹饰已失去汉唐时期的神韵，有的纹饰已变形，融入了很多清代的风格和特点。具有宫廷特色的铜镜，如嵌珐琅缠枝纹镜，彩漆双喜龙凤纹镜，鎏金双兽钮镜，人物纹木柄镜等，代表了宫廷铸镜的水平。但这是个例外，在玻璃镜的冲击下，精美的清代宫廷镜难以掩盖传统铜镜走向落幕的事实，以至于研究中国古代铜镜的学者经常刻意忽略此段铜镜历史。

元佛字钮镜

直径7cm，圆形。镜背一"佛"字为钮，钮外饰有梵文一周，再外凸沿上又饰汉文一周。镜正面饰有十个凸出梵文，疑此镜无法作生活照面实用。窄缘。

元佛像镜

直径8.3cm，圆形，银锭钮，无钮座。凸弦纹内饰一佛背向外坐于莲花台上，弦纹外一周饰二十五字梵文。弦纹镜缘。

元汉梵两体准提咒文千手佛镜

直径9.4cm，圆形，无钮。单弦纹将镜背纹饰分为两区，内区一千手佛坐于莲花台之上，佛背向外，千手中各握不同法器，外区汉咒文绕圈线一周，合为"南无□哆喃三藐三菩驮俱□怛你他唵折隶主隶准也提娑诃部唵□唵□唵么抳钵□吽"。镜正面绕照区一周梵文咒。素厚窄缘。

准提咒在《佛教念诵集》中为"十小咒"之一，前后共有七译，今仅存四译，皆收于《大正藏》内。准提咒是佛教信徒可以持诵的，无论其出家与否，茹素与否，或卧或坐，或立或行，均可诚心念诵，出声默念均可。准提咒镜是受元代盛行的藏传佛教的影响下出现的。

元梵文镜

　　直径 9cm，圆形，圆柱钮，无钮座。钮顶面饰一梵文，弦纹将主纹分内外两圈梵文带，内圈梵文十六个字，外圈一周二十梵文字。素窄缘。

元梵文镜

　　直径 5.6cm，圆形。镜缘有一小柄，带系孔。中心位置饰一梵文，靠镜缘处饰八梵文。素窄缘。

元 "龟鹤齐寿" 镜

　　直径 19.7cm，圆形，圆钮。钮四方饰四字篆书，读为"龟鹤齐寿"，四字间分布圆点纹和草叶纹，其外两周弦纹。素缘。

元 "八仙庆寿" 镜

　　直径 7cm，圆形，弓钮。钮四方刻四字铭，读为"八仙庆寿"。

明人物多宝镜

　　直径 12.3cm，圆形，银锭钮，无钮座。纹饰虽然由上至下多层次排列，但层次界限并不严格，钮上方饰仙阁，阁两侧为如意云纹四朵，其下层对称有银锭、宝珠纹饰；钮两侧四人两组对称，近钮两人手托食盘作行走状，远侧两人托盘作侧立状；钮下三层，一层为犀牛角、如意纹和一组方胜，二层为银锭、蜘蛛、货泉、灵芝等纹饰，三层中间为聚宝盆，两侧为宝钱、画轴。卷缘。

明人物多宝镜

    直径 10.7cm, 圆形, 银锭钮。纹饰由上至下排列, 最上方中心为一座二层仙阁, 两侧为展翅高飞的仙鹤。鹤尾分别有宝钱和花叶。钮上为犀牛角, 两侧各二人, 其中三人手执不同物品。钮下香炉, 炉两侧为宝瓶, 再外侧有方胜、宝钱、双角、盘肠和画卷。素窄卷边。

明人物多宝镜

　　直径 12cm，圆形，银锭钮。纹饰由上至下排列，最
上方中心为一层仙阁，两侧为鲤鱼。仙阁下饰银锁纹饰。
钮两侧各一人手持物品面向镜钮，两人背后均饰有宝瓶。
钮下饰方胜一枚，方胜两侧为犀牛角，在外侧饰点状花纹。
素宽缘。

明人物多宝镜

直径14cm，圆形，银锭钮。上方中间为金钱鼠，两侧饰如意云头纹，其下中间饰香炉，炉两侧饰如意云纹，镜钮两侧各二人隔钮相对站立，分别手持不同工具。钮下为聚宝盆，盆下饰一龟，盆两侧饰宝瓶，再外侧为方戟。素窄卷边。

明仙鹤纹镜

直径19cm，圆形，圆钮。主纹饰六只仙鹤，其中四只栖息于草石间，或仰视，或低首，或觅食，显得悠闲自得。钮上方饰两只仙鹤振翅飞翔在云间。素缘。

明仙人龟鹤齐寿镜

直径 21.3cm，圆形，圆钮。钮左一仙人端坐石上，束发，头部有光晕，头上饰星图，仙人著对襟宽袖长衫，双手平抬至膝上，手持麈尾。仙人左侧有一长方形框，内饰铭文"湖州府仪凤桥南孙家造"。钮右侧一侍者立于竹子旁，双手捧盘，盘中有仙桃。其上空中一仙鹤翱翔，地上一灵龟向仙人方向爬去。素窄卷边。

明"万历三十四年"铭文镜

直径 6.8cm，圆形，圆钮，无钮座。铭文："大伯柳州信士陈加祥、方胜仲、刘胜、杨臣、吴国祥，佛光胡引，万历三十四年。"

人们在实际礼佛过程中，往往也贡献明镜，《贤劫经》

卷八《千佛发意品第二十二》载："勋光佛如来本宿命时，从不藏威，佛所初发道心。时作凡人，凡佛所豫，稽首归命，则以明镜众珍琦宝贡上，其佛行菩萨法。缘是之，自致正觉，度脱一切。" *

*《镜涵春秋》页 319。

明"崇祯二年"铭文镜

直径 6.3cm, 圆形, 圆钮。钮右侧、上下两侧及左侧饰铭文, 合读为:"崇祯二年冬月, 常陀宝镜, 信士王中造。"

明"正其衣冠"镜

直径 7.5cm, 圆形, 银锭钮。钮两侧各有一行铭文, 合读为:"正其衣冠, 尊其瞻视。"钮上方方框内为"湖州徐家"铭文。素窄卷边。

明"仲明"镜

　　直径 8.6cm，圆形，弓钮。钮两侧各
有一行铭文，合读为："正其衣冠，尊其
瞻视。"钮上一"仲"字，钮下一"明"字。
素宽缘。

明王家镜

　　直径 8cm，圆形，圆钮。钮左侧饰"王
家包换□"铭文。素宽缘。

明李家镜

　　直径 7.5cm，圆形，圆钮，圆钮座。仿汉"日光"铭文镜式样，铭文带读为："见日之光，天下大明"，铭文带覆压一方框，内饰铭文"李家造"。素宽缘。

明杨家镜

　　直径 8.6cm，圆形，弓钮。钮两侧各有一行铭文，合读为："衣紫腰金，寿山福海。"钮上方方框内为"长城杨家造"铭文。素宽缘。

明 "福寿双全" 镜

　　直径13.3cm，圆形，圆平钮。钮中铭文 "□河自造"。钮外有对称的四个凸起的方框，框内有楷书 "福寿双全" 四字。素宽缘。

明"五子登科"镜

　　直径18cm，圆形，圆钮。钮外有对称的四个凸起的方框，框内有楷书"五子登科"四字。每方框被两雁和两牡丹花隔开。其外饰一周弦纹，素缘。

　　"五子登科"四字典出于后周窦禹钧教子有方，他的五个儿子仪、俨、侃、偁、僖先后考中进士的故事。"五子登科"作为典故，只有到了明代才开始出现。明

代是科举空前繁盛的一代，"五子登科"一典的宣扬盛传，无疑是由当时的政治思想和社会心理所决定的。"五子登科"作为吉祥语，既可使人从中得到一点启示，又可作为仕宦道路上的鞭策，在作为馈赠品时，表达了赠与者的祝愿。

明"为善最乐"镜

直径 8.5cm，圆形，银锭钮。钮两侧饰四字铭文，合读为："为善最乐"。素窄卷边。

明"洪武二十二年"龙纹镜

直径 11.4cm，圆形，山形钮。钮右一龙飞腾于云中，龙首在钮下，身躯蜿蜒蟠曲成反"C"形，前肢伸张，一后肢与尾相缠，另一后肢仅露出五爪。龙首前饰如意云纹。左侧有一长方形框，内有"洪武二十二年正月日造"铭文。素缘。明洪武二十二年为公元 1389 年。

明 "洪武二十二年" 龙纹镜

　　直径 13.6cm，圆形，山形钮。钮右一龙飞腾于云中，龙首在钮下，身躯蜿蜒蟠曲成反 "C" 形，前肢伸张，一后肢与尾相缠，另一后肢仅露出五爪。龙首前饰如意云纹。左侧有一长方形框，内有 "洪武二十二年正月日造" 铭文。素缘。

明八卦生肖铭文镜

　　直径28.8cm，圆形，伏兽钮，八边形钮座。座外三周弦纹将主纹分四区，一区饰八卦名乾、坤、震、巽、坎、离、艮、兑，八字铭文内与八边形钮座相对，外与二区八卦符号相对；三区饰十二生肖简易图环绕二区，四区被短竖线分隔而是方格，每方格一字铭，合读为："水银呈阴精，百炼得为镜。八卦气象备，卫神永保命。"素缘。

　　八卦又称经卦，即《周易》中的八种具有象征意义的基本图形，每个图形用分别代表阳的"—"（阳爻）和代表阴的"- -"（阴爻）组成，名称为乾、坤、震、巽、坎、

离、艮、兑。而八卦纹镜最早出现于唐中期，主要流行于唐、五代和宋代，以八卦为主纹，有的配有四神，十二生肖和云纹等。八卦是中国古代人们心中天地人三位一体有机结合的典型图案，它们分别代表了八种不同自然事物，共同构成运转变迁现象，体现了天地生死、壮老和气的兴衰变化。八卦还象征东西南北中五方，表示阴阳絪蕴，相生相成的意义。将八卦纹铸在铜镜上，既反映了当时道教的兴盛，也体现了人们祈求美满生活的心理。

明"万历七年"铭文镜

直径 15cm，圆形，圆钮。钮右侧有一长方形框，内饰铭文："万历七年周记"。

明"薛近峰"镜

直径 7.5cm，圆形，圆钮。钮右侧有一长方形框，内饰铭文："薛近峰造"。

明 "薛怀泉" 镜

直径 8.2cm，圆形，圆平钮。钮上饰 "薛怀泉造" 铭文，素面无纹饰。

明 "薛怀泉" 镜

直径 19.5cm，圆形，圆平钮。钮上饰 "薛怀泉造" 四字铭文，钮左侧饰铭文 "李彰微置"，钮右侧饰铭文 "崇祯三年"。素缘。

明草书铭文镜

　　直径 8.3cm，圆形，钮残。主纹书草书，合读为：
"云香还无，雷臜脂淡，自探蓝新，子杏黄裳，独信何书，
阑无语点，乘为生计。"素缘。

明"玄卿"铭文镜

直径9.2cm，圆形，圆钮。钮外饰两瑞兽，其外一周宽弦纹带。弦纹带外一周篆体铭文，读为："日初生，月初盈，纤翳不生，肖兹万形，是曰樱宁，莹虖太清，玄卿。"素缘。

玄卿，指道教所奉的玄武神。前蜀杜光庭《张道衡常侍还愿醮词》："诣北斗七元之殿，当玄卿大帝之前，虔备醮坛。"清代曹寅《题马湘兰画兰长卷》诗："月窟玄卿螺子笔，麝煤胡粉轻无迹。"《小游仙》诗之五："信是仙人金骨冷，鬓眉一夜化玄卿。"这里玄卿指仙子。

明"玄卿"铭文镜

直径 9cm，圆形，圆钮。钮外饰两瑞兽，其外一周宽弦纹带。弦纹带外一周篆体铭文，读为："日初生，月初盈，纤翳不生，肖兹万形，是曰樱宁，莹虖太清，玄卿。"素缘。

明龙纹镜

直径 14.2cm，圆形，竖钮。钮边饰一圆圈，内饰"月"字铭，圆圈仿佛是一宝珠，被龙缠绕，龙须上翘，鳞片清晰，龙尾呈蒲扇状，周身布满云气纹。素缘。

明月宫镜

　　直径 13.1cm，圆形。镜中心饰一兔竖耳站立，两爪握杵捣药，双耳药罐是镜钮。钮左饰月桂树，玉兔背后饰如意云纹。钮下饰山子纹、忍冬叶纹。素缘。

　　在西汉及以前，中国神话中已将兔与月相关联，但与玉兔捣药无关。西汉晚期，西王母为核心的神仙体系建立后，玉兔捣药成为其中一个重要组成部分，但与月亮无关。因此，月中玉兔与玉兔捣药本为两个不同的神话传说。最迟至东汉晚期，在画像石上已有捣药玉兔取代奔月兔成为月之象征。* 晋代傅玄《拟天问》有"月中有何，白兔捣药"句。月有玉兔之说，民间久已流传。

　　月宫中的嫦娥，又作"姮娥"。1993 年 3 月在湖北江陵王家台 15 号秦墓中出土秦简《归藏》中《归妹》篇记载"昔者恒我（姮娥）窃毋死之药于西王母，服之以（奔）月。将往，而枚占于有黄。有黄占之曰：'吉。翩翩归妹，独将西行。逢天晦芒，毋惊毋恐，后且大昌'。恒我遂托身于月，是为蟾蜍。" 传说姮娥是后羿的妻子，后从人间飞升到月亮。羿请不死之药于西王母，姮娥窃之以奔月，在奔月后变成蟾蜍。汉代因汉文帝名恒，为避讳，故将"姮娥"改为"嫦娥"，并沿用至今。而到了唐代，奔月故事有了新的变化，嫦娥成了一个美貌的仙女，而不再是难看的蟾蜍。

-----

* 《镜涵春秋》页 352。

明仿汉"君宜高官"变形四叶对凤镜

　　直径 17.6cm，圆形，圆钮，连珠纹钮座。座外围以四方委角形，委角内各有一字，合为"君宜高官"，委角外四方形连接宝珠形四叶纹，且每珠呈凤首状，四叶内各有一字铭，合为"万年寿作"。四叶间对凤倒观亦呈振羽状，其外一周内向十六连弧圈带。素宽缘。

明仿汉"昭明"重圈铭带镜

直径16.7cm，圆形，圆钮，十二连珠钮座。主纹饰区两周凸弦纹，每周弦纹两侧伴两周栉齿纹。两周弦纹同旋绕的铭文一起构成两圈铭文带，内圈铭文带顺时针旋读："内清质以昭明，光辉象夫日月，心忽杨而愿忠，然雍塞而不泄。"；外圈铭文带顺时针旋读："絜精（清）白而事君，怨汙驩之弇明，彼玄锡之流泽，恐疏远而日忘，怀靡美之穷岂，外承驩之可说，慕窭佻之灵景，愿永思而毋绝。"素宽缘。

明仿汉四虺四乳镜

  直径 9.1cm，圆形，圆钮，圆钮座。座外一周凸弦纹，两周短斜线纹圈带内为主纹。主纹由四乳与四虺纹相间环绕。四乳钉带圆座，四虺成钩形躯体，每只虺躯旁饰一只禽鸟，其中一虺纹被防伪广告语覆压，语为："假充李镜，真乃猪狗"。素宽缘。

明仿汉四乳禽鸟镜

  直径 7.8cm，圆形，圆钮。钮座与座外弦纹间有简单一线、三线旋纹。两周斜线纹间为主纹饰四乳八禽，四乳钉间二禽相对，图形简洁，部分几只二歧冠，覆羽翼，翘尾。其中一组禽鸟纹被"张"字铭文覆压。素宽缘。

明仿汉车马画像镜

　　直径20.5cm，圆形，圆钮，圆钮座。座外饰一周连珠纹，主纹饰四组纹饰，其中两组为六马驾车，车窗车轮车盖清晰，六马狂奔。与之隔钮对应的是四马驾车纹饰。另外两组是汉代东王公、西王母形象，二者头饰不同，面部模糊，两侧均饰三人朝其跪拜。四组纹饰被四枚带座乳钉相间隔开，钉座外均饰一周连珠纹。主纹外为铭文带，合读为："青盖作竟（镜）四夷服，多贺国家人民息，胡虏殄灭天下复，风雨时节五谷孰（熟），长保二亲得天力，□□□□□。"铭文带外饰一周栉齿纹。镜缘上饰两周锯齿纹夹双线波纹。

　　画像镜纹饰多为神像、历史人物、车骑、四灵、禽兽等，多采用浮雕手法。比起高浮雕的神兽镜，画像镜纹样略呈扁平状，立体感逊色一些。但是它的主题纹饰变化丰富，浮雕技法各具巧思，生动的画面使神人姿态自成一格。其题材的广泛性，寓意的深刻性，艺术构思的巧妙，都使之成为一种很好的艺术品。汉代画像镜出土很多，同样的画面往往在不同的镜纹上重复出现，这种情况固然让人感到有些单调，但由此却可以触摸到那个时代人们共同的思想与观念。

明仿汉博局镜

直径 11cm，圆形，圆钮，圆钮座。座外方格内切圆与方格四角饰月牙纹。博局纹将内区分为四方八区，每组禽鸟隔着"V"形纹两两相对。夹"T"纹带座乳钉粗糙，其中一方被防伪广告语覆压，语为："假充李镜，真乃猪狗"。镜缘饰锯齿纹和忍冬纹。

明仿"汉海马葡萄鉴"铭文镜

直径 10.5cm，圆形，伏兽钮。主纹布满葡萄枝蔓，其间夹杂着几串葡萄和鸟雀。钮上方饰"汉海马葡萄鉴"铭文。凹槽镜缘。

明仿汉龙虎对峙镜

直径10cm，圆形，圆钮，圆钮座。钮座覆压一龙一虎张口相对，两兽身躯上饰点纹代表鳞片关节，两尾处夹羽人驯兽纹饰。虎背后饰"青盖"二字铭文。主纹外一周栉齿纹，再外一周锯齿纹、弦纹、单线波纹。素缘。

明仿汉"昭明"镜

直径14cm，圆形，圆钮，圆钮座。座外一周内向八连弧纹带，连弧纹内有简单短斜线纹，连弧纹两周短斜线纹夹一周铭文带，文为："内清以日（昭）明，光象夫日月"，字体工整。素宽缘。

明仿唐海兽葡萄镜

　　直径 13.9cm，圆形，伏兽钮。高弦纹将镜背纹饰分
为内外两区，内区五瑞兽攀援于葡萄枝蔓当中，或走或
卧，瑞兽躯体上的鬃毛、角、爪等都清晰可见，葡萄纹
与五瑞兽相间环绕；外区饰瑞兽、雀鸟、葡萄相间环绕。
镜缘处饰卷叶草纹。

明仿唐瑞兽铭文镜

直径 14.5cm，圆形，圆钮，圆钮座。座外饰一周连珠纹，其外六只瑞兽分三组，每组两两相对。其外一周双高弦纹和一周锯齿纹夹铭文带，铭文合读为："团团宝镜，皎皎升台，鸾窥自舞，照日花开，临池似月，睹皂娇来"。几何纹缘。

清"龙凤呈祥"镜

　　直径29.4cm，圆形，圆钮。钮的四方饰四方框，每框内饰一字铭，读为"龙凤呈祥"，"龙"与"呈"二铭文间饰双线框方枚，框内铭文为"贾家自造"。素缘。

清"福禄寿喜"镜

直径28cm，圆形，无钮。内切圆内主纹饰四方框，每框内饰一字铭，读为"福禄寿喜"。素缘。

清带柄镜

  长15.5cm，带柄。主纹饰一周圈带，圈带内饰一"囍"字，圈带外饰五只蝙蝠环绕"囍"字。柄和圈带之间饰双线方框，内饰铭文"祁云昇造"。

清双龙镜

直径 12.5cm，圆形，圆平钮，钮上饰一"寿"字。钮外饰双龙，龙首尾相连，龙须上翘，龙尾呈蒲扇状，两龙之间有云纹及枝叶纹。素缘。

清八宝纹镜

直径 8cm，圆形，圆钮，莲花纹钮座。座外饰佛教八宝绕钮环列，其外饰十五内向连弧纹，连弧纹饰一周绳纹。素缘。

清风纹镜

直径 28cm，圆形，圆钮，菊纹钮座。座外饰一周弦纹圈，圈内饰四狮子绣球图案绕钮，狮子背上饰一只蜜蜂，绣球飘带互相连接，将四只狮子连为一整体。弦纹圈外为八出菱花形主纹区，区内饰四只凤凰曳尾同向飞翔，凤凰羽毛、翅膀、曲颈、面目清晰逼真。每两只凤凰之间饰一枝两菊纹，菊花花瓣、枝叶细腻如生。每出菱瓣间有如意云纹。素宽缘。

清 "薛晋侯" 方镜

8.7×8.7cm，方形，无钮。内有铭文：
"既虚其中，亦方其外，一尘不染，万物
皆备。湖城薛晋侯造"。素缘。

清 "薛惠公" 镜

8.2×8.2cm，方形，无钮。内有铭文：
"既虚其中，亦方其外，一尘不染，万物
皆备。湖城薛惠公造"。素缘。

清"薛惠公"镜

9×9cm，方形，无钮。内有铭文："不璧而珪，万象能鉴，不黝而光，一心百湛，些孚本无，以虚为监"，另有一枚"薛惠公造"方印。素缘。

清"薛惠公"镜

9.3×9.3cm，方形，无钮。内有铭文："方正而明，万里无尘，水天一色，犀照群伦"，另有两枚印记，一圆一方，圆内"苕溪"铭，方内"薛惠公造"铭。素缘。

清仿汉四乳神兽镜

　　直径 11.5cm，圆形，圆平钮，圆钮座。钮座外饰有
简单栉齿纹，其外为宽弦纹。两周短斜线纹内为主体纹饰。
四枚带座圆乳钉被神兽神人纹饰分割相间排列，两组似
虎似羊组图相对，两组神人驯兽组图相对。在驯兽组图
中分别有"吕""造"两铭字。素宽缘。

清仿汉龙虎对峙镜

　　直径 12.9cm，圆形，圆钮，圆钮座。钮座覆压一龙一虎张口相对，两兽身躯上饰点纹代表鳞片关节，两尾处夹羽人驯兽纹饰。主纹外为铭文带，读为："青盖作竟（镜）四夷服，多贺国家人民息，胡虏殄灭天下复，风雨时节五谷孰（熟），长保二亲得天力，传告后世"。其外一周栉齿纹。镜缘饰两周锯齿纹夹一周单线波纹。

第九章

域外铜镜

域外铜镜

作为青铜器的一个特殊门类，中国历代铜镜蕴涵诸多特色：铸制历史连贯，考古断代便捷，文化内涵博大，审美情趣彰显，证史直观翔实，书体映照生辉。其中尤以汉、唐两代铜镜，对东邻日本影响重大。

大体而言，日本镜分为仿汉式、仿唐式、纯和式三种，武汉博物馆藏古代日本铜镜集中在纯和式。日本和镜在吸收与消化中国的汉文化、唐文化后，有了自己的长足发展，经过长时间的过渡，到江户时期，和镜已完全形成了日本自己的民族特色镜：改圆钮为有柄，标注工匠姓名，铸制渐趋精良，纹饰琳琅满目，构图犹如绘画，字体精美。

日本安土桃山时代（公元 1573-1603 年），"告别了室町幕府时代有柄镜的特点，镜柄端部的小孔不复存在；镜背纹饰虽还继承室町幕府时代的蓬莱纹，然左右对称的格式已逐渐消亡；龟钮的情况虽还继续存在，但钮孔已没有系镜的作用；此外，纹饰的底部已由平地纹变成了粗砂状底纹，这种手法以略机械加工为目的。安土桃山时代和镜的最后一个特点就是，镜师（工匠）姓名开始登场，并出现了工匠自我吹嘘为'天下一'的铭文"。工匠称谓的铭文长短不一，最短者 2 字、3 字，如"光长"、"天下一"；最长者 13 字，如"天下一木濑大和守藤原信重作"。早在半个世纪以前，王仲殊先生就说："'天下一'是镜工的自夸之词，是谓天下第一、举世无双之意。镜铭中冠以'天下一'，徒自矜夸。1580 年 9 月，织田信长曾下令禁京都镜工擅铸'天下一'之铭。到了江户时代，和镜铭文中冠以'天下一'字样越发常见。1682 年（天和二年）7 月，德川幕府效织田氏之法，下令再禁'天下一'称号。但此后这种铭文仍然继续被滥用，是禁令不久即告驰废之故。"*

---

*王纲怀：《清华大学藏日本和镜》，清华大学出版社，2011 年 4 月第 1 版。

日本龟钮蓬莱镜

　　直径 12.3cm，圆形，龟钮。约 17 世纪后期至 18 世纪前期，主题纹饰一般为蓬莱仙境。钮左侧双鹤与龟钮吻接，钮右饰一棵松树，枝繁叶茂，将鹤鹿罩于树荫之下，鹤腿旁饰草叶纹和水凫两只，松叶伸出主纹区，连同镜缘旁边的梅花一起，被双线弦纹覆压。主纹右下侧饰铭文"天下一，光氏作"。素缘。

日本"天下一"山水镜

直径 13.2cm，圆形。约 17 世纪。主纹饰山水纹，底部二层楼阁傍水而居，波纹徐徐，楼旁有草叶纹。中部饰松枝纹，佶屈松枝作入画效果。上部是远山，山上有林木。整体饰密点状底纹，仿佛云雾一般。镜左侧饰一竖行铭文，读为："天下一，佐渡守"。佐渡，日本庆长时期（1596-1615 年），有佐渡国，全境即现在日本佐渡岛，岛内金银矿产资源丰富。守，为当时地方官的正职。但镜铭文出现这样的字，也有的是铸镜坊为了提高自己的身价，普遍地向朝廷出钱购买这种被许可了的"受领名"。此佐渡守镜，未必是当地长官之私镜。

日本带柄镜

直径 14.9cm。约 18 世纪。素柄，主纹布满菱形田字纹，中部开窗，内饰一匹马奔走于松下，马尾后为花叶，马首前饰草叶纹。柄与开窗间饰铭文"天下一，光重"。素窄缘。

参考文献

孔祥星、刘一曼：《中国古代铜镜》，文物出版社，1984年12月第1版。

孔祥星、刘一曼：《中国铜镜图典》，文物出版社，1992年1月第1版。

王士伦：《浙江出土铜镜》，文物出版社，1987年12月第1版。

郭玉海：《故宫藏镜》，紫禁城出版社，1996年12月第1版。

何堂坤：《中国古代铜镜的技术研究》，紫禁城出版社，1999年6月第1版。

鄂州市博物馆：《鄂州铜镜》，中国文学出版社，2002年2月第1版。

程林泉、韩国河：《长安汉镜》，陕西人民出版社，2002年6月第1版。

王趁意：《中国东汉龙虎交媾镜》，中州古籍出版社，2002年11月第1版。

刘艺：《镜与中国传统文化》，巴蜀书社，2004年6月第1版。

管维良：《中国铜镜史》，重庆出版社，2006年2月第1版。

曾甘霖：《铜镜史典》，重庆出版社，2008年7月第1版。

深圳博物馆等主编：《镜涵春秋》，文物出版社，2012年9月第1版。

霍宏伟：《鉴若长河——中国古代铜镜的微观世界》，三联书店，2017年10月第1版。

王纲怀：《清华大学藏日本和镜》，清华大学出版社，2011年4月第1版。

王纲怀：《止水阁藏镜》，清华大学出版社，2015年12月第1版。

王纲怀：《清华镜文化研究》，清华大学出版社，2016年4月第1版。

邓林：《汉代铭文镜研究》，上海大学博士论文，2017年10月。

苏奎：《铜镜铭文"其师命长"的考察》，《考古》2009年第3期。

张清文：《从故宫藏"侯瑾之"铭铜镜看"真子飞霜"镜的本意》，《四川文物》2015年第4期。

孙黎生：《再谈武汉博物馆藏"诗经铭文重列式神兽镜"》，《武汉文博》，2014年第3期。

孙黎生：《汉"中国人民"镜探微》，《2014年湖北省博物馆协会学术研讨会论文集》，长江出版社，2014年11月第1版。

孙黎生、王有珍：《汉末三国神兽镜探述》，《让博物馆的藏品活起来——2015年湖北省博物馆协会学术研讨会论文集》，长江出版社，2015年10月第1版。

孙黎生：《新莽博局铭文镜三则》，《武汉文博》，2017年第3期。

孙黎生：《浅谈汉代铜镜中的儒道文化》，《博物馆与中华优秀传统文化传承发展——2017年湖北省博物馆协会学术研讨会论文集》，长江出版社，2017年11月第1版。

"破镜" 不一定必须 "重圆"

吕立军

古时，官员在衙门断案，公堂之上"明镜高悬"的匾额，寓意心如明镜，象征清正廉洁、公正无私。如今，在党的群众路线教育实践活动工作会议上，习近平总书记提出了"照镜子、正衣冠、洗洗澡、治治病"的十二字总要求。这里的镜子并不是指我们生活中用以梳妆打扮的镜子，而是特指中国共产党党章和相关规定制度，对照检查自己的言行举止，发现问题纠正错误。这些古今关于"镜子"的运用，其意义早已超越了镜子本身所具有的实际功能。

镜子，是在物质光滑的平面上利用光的反射原理清晰呈现物象的一种工具。它千百年来伴随老百姓日常生活，社会进步和经济发展，无论从材质、式样、功能都逐渐发生了巨大的变化，但是其包涵的传统文化是根深蒂固的。先民最早是在一个容器里装水用以照面，《尚书》、《国语》、《庄子》等先秦著作中，提到过古人"鉴于水"。《说文·金部》释"鉴"为"盆"，因此，可以说盛水的盆（鉴），就是最早的镜子。我国最早具有实物形态的铜镜出土于约4000年前的甘肃齐家文化，其后伴随青铜器的发展与兴衰，乃至近代玻璃镜的出现而逐渐消亡。从商周到明清，青铜镜的制造都具有鲜明的时代特征，铜、锡、铅的配比有区别，造型和纹饰也不尽相同。作为精美的艺术品，铜镜刻画之精巧，文字之瑰奇，辞旨之温雅深得不同阶层人们的喜爱。通过人们这些年对铜镜文化研究的不断深入，从考古发掘、文史资料、宗教民俗等方面来看，铜镜除了具有照面功能之外，其实还具如装饰、辟邪、赏赐、信物、聘礼、陪嫁、礼品、陪葬、印鉴等功用。

在中国古代丧葬制度中，不同阶层的人去世入葬会有不同等级、不同类别的陪葬品。比如建筑类明器有亭台楼阁、陶仓、陶屋等，生活类明器包括陶灶台、锅盆勺、陶车、工具等，人物动物类明器如士兵、侍者、杂耍玩偶、牛羊猪马等无所不及。当然，更多的是墓主生前使用的器物，不仅有陶器，还包括瓷器、金银铜、玉石等材质的陪葬品。普通百姓的随葬品则比较简单，都是常见的碗盘杯罐之类，铜镜，铜钱等，而贵族的随葬品则相对丰富和奢华。几千年来，厚葬隆丧的风气一直以来都被将相帝王所推崇，许多帝王从登基开始就着手修建自己的陵寝，直到其驾崩，还要将生前的荣华富贵一并带入另外一个世界，期待能够继续享用。在当时看来，这些行为可能是劳民伤财，大伤国力之举，但是数千年后的今天，我们在不经意间打开尘封千年的古墓，面对那些丰富随葬遗存时，还真是应该感谢先人的无心之举，让后人有幸通过实物，更多的了解当时的生活、经济、文化的状况。数千年的葬式传承和变迁，由于地域的不同，文化的差异，不但造就不同的墓葬形式，也使得陪葬品的种类、数量产生巨大差异。在历年考古发掘中，无论是官吏还是平民墓葬，经常会发现陪葬品中有各类纹饰的铜镜出现，只是所安放的位置不一，有的在墓主背部或腹部，有的在墓主头部，有的却悬挂于墓顶处，有的完整，有的残破，这显然是古人有意而为之，希望表达某种愿望，代表某种情感。可见使用铜镜陪葬的风俗还是比较常见的，用不同的陪葬方式来代表不同文化寓意。

武汉博物馆藏镜5000余面，不乏历代各朝精品，其中不仅有传世精品，而且还有部分陪葬出土的佳作。例如汉代"诗经铭文神兽"镜，唐代"真子飞霜"镜，宋代亚字型"长命富贵"镜等，不仅纹饰精美，且部分铸有铭文，清晰的反映出当时社会文化背景和工匠审美情趣，亦代表了当时最高铸镜工艺。然而，在众多精美藏品之中，一面残破为两半的铜镜（图1）显得格格不入，尤为显眼。该镜直径约25cm，镜面厚约0.5cm，近中心镜钮处一分为二，断口参差，没有明显工具的切割痕迹，应为人为外力折损所致。该残镜来源可追溯到上世纪八十年代，在武汉市洪山区黄家湾发现了一座明代夫妻合葬碗樟墓，据发掘墓志表明，墓主人为 明太祖朱元璋第六世孙，镇国中尉朱显拭和其妻赵恭人。在发掘过程中出土了为数不多的陪葬品，其中两面半镜就分置于男主人头部的左侧和女主人头部的右侧，将两面半镜合二为一，呈现出一面完整圆型铜镜。由于墓葬年代久远，墓室条件变得恶劣，器物锈蚀较为严重，镜背纹饰模糊不清，经过仔细比对和辨认，该纹饰为宋元至明代较为流行的"仙人龟鹤齐寿图"。镜背中心为穿孔小圆钮，其左侧为带光晕神人盘坐，右侧为一持物童子面向神人立于竹下，头上似凤鸟展翅欲翔，镜钮正下方饰以一只爬向莲花的乌龟，近卷缘式镜缘处有一圈凸起弦纹。该组图案虽不甚清晰，也谈不上精致，却也枢密有致，神人、童子、龟鹤充分反应了主人祈福安康，期盼长寿之意，颇具道教色彩。

唐代孟棨（启）《本事诗·情感》记载：南朝陈乐昌公主与丈夫徐德言非常恩爱，本来过着幸福的生活。隋文帝派兵灭陈，徐德言担心战乱失散，便将一面铜镜破

图1

成两半，一半自己收着，一半交给公主，并且相约，如分散了就在每年的元宵节，拿镜子到市场上去卖，以求有重逢的机会。陈被隋灭后，将军杨素虏去乐昌公主，迫使他们夫妇分离。每到元宵节，公主派老仆拿镜子去市场上卖，结果真的遇到了徐德言。两面半镜一拼即合，徐德言泣不成声题诗一首："镜与人俱去，镜归人不归。无复嫦娥影，空留明月辉。"乐昌公主看到丈夫题诗，想到与丈夫咫尺天涯却难以相见，更是水米不进终日容颜凄苦。杨素见其状，再三盘问，才知道了其中情由，被他们夫妇的真情感动，便君子成人之美，将公主还给徐德言，夫妻终于团圆，二人携归江南终老。这可能是中国最早版本关于"破镜重圆"的故事，乐昌公主与丈夫徐德言凄美爱情最终以圆满而告终，它向世人传达了对爱情的坚守和执着，借镜喻人被后世所称道。武汉博物馆收藏的这两面半镜是这个故事的升级版，见证了古

代贵族们在妻妾成群环境下，依然会产生真挚的情感。墓主朱显拭生前贵为明皇室后裔，也许称不上锦衣玉食，至少也是衣食无忧，虽无从考证其家眷几许，但是通过墓葬方式及两面半镜的陪葬能够看出夫妻二人生前感情的深厚，不但安葬于同一墓穴，而且各取半面铜镜置于枕边，以此为信物表达今生的情投意合，并希望来世还能够相敬如宾，再续前缘（圆）。

其实，这两面半镜早在十余年前曾经进行过焊接修复（图2），将其合二为一，并在修补处进行了做旧着色处理，基本恢复了最初完好的状态，同其它随葬品一道

图3

图4

用于展厅陈列展示。在众多精美展品中，这面外观纹饰再普通不过的铜镜没有机会讲述出真实的故事，逐渐被人们忽视和遗忘。前不久，武汉博物馆在一次展厅硬件升级、藏品展览调整过程中，保管部同志发现了这一信息。本着尽可能保存藏品原有信息，还原历史的想法，经过对该器物资料的核实，以及修复档案的查询，并报经领导同意，将铜镜运用合理的技术手段，重新拆分为二（图3），使铜镜的形态还原到出土时的模样（图4）。

无论是传世还是出土文物，由于保存条件、人为原因、外力因素等，或多或少会在器物上留下不同的痕迹，甚

图2

至残损。文物修复工作中针对同样的器物，由于其器物本身所包涵的文化内涵本质上是不尽相同的，就要求修复工作者首先要搞清楚残损待修器物的历史背景和文化内涵，再考虑修不修？如何去修？的问题。因为，即便是同样器物，同样的破损，但是残破原因不同，那其所反应和呈现的历史信息就不同。出土的残损铜镜，馆藏及存世量不在少数，在条件允许的情况下，多数是将其进行了修复，不论是粘接、焊接、翻模补缺等方式进行了最大化修复，让人们能够看到其完好的原样。这些残器，同为墓葬出土，但是通过考古专家的考证和相关史料的记载，墓葬内摆放不同部位的铜镜具有不同的意义。

在青铜器文化研究中，铜镜是一个重要的研究内容，对于研究时代的风格具有很重要的意义。汉代墓葬里发现的画像石和风俗画表明汉代有"事死如事生"的思想，所以这可能就是将墓主人生前所用的东西用去陪葬的原因。墓葬中所反映的大多是墓主人生前的生活场景，铜镜在汉代已经成为人们日常生活中的常用器物，尤其是上层贵族所用的铜镜，不仅纹饰华丽，而且工艺考究。当时墓葬铜镜陪葬较为常见，尤其是贵族大墓，往往有多面铜镜陪葬。这些陪葬的铜镜和其它器物，往往都是墓主生前享用之物，其带入地下，表达了墓主希望能继续使用这些器物，以及对财富永远占有的欲望。宋代周密《癸辛杂识》中有"今世有大殓而用镜悬之棺盖以照尸者，往往谓取光明破暗之意"。从考古发掘中可以看出宋、金墓葬铜镜多悬于墓室顶部，盖取此意。古人希望通过

悬于墓顶的铜镜将阳光引入黑暗的墓室，破暗取明，期望重返人间或极乐升天之意。这些铜镜在陪葬初始一定是完整入葬的，即使在考古发掘时发现残损，也是后期墓室垮塌或盗墓者盗扰所致，绝非入葬时状态。从汉到明清，而另一种情况是，下葬前就人为刻意将其按照一定的方式将陪葬铜镜进行破碎，其目的是表达某种意义或起到某种作用。有的墓葬被发掘后，发现破碎的铜镜摆放不同的位置，所有其它陪葬品都完好，整个墓室也没有被盗掘现象，那么只能说明这是下葬当时有意而为，并非后来所致。例如，在人死后下葬的同时将整镜摔碎，全部甚至部分放置墓中予以陪葬，寓意"破镜难圆"，以表达同亲人的生离死别之悲。而将整镜碎为两半，分置于夫妻合葬墓的头边或身旁，则表示该合葬男女希望来世能"破镜重圆"再为夫妻的愿望。这些特殊的铜镜陪葬方式所反映的就是生者或逝者的不同祈愿，而此时的铜镜变成了文化的符号或载体。

因此，对以上两类文物的修复保护一定要加以区别，和分别对待的。传世乃至出土的大部分文物，都是具有一定实用功能或者装饰功能的器具，它的残损是人为使用、时光沧桑所造成，并非主观刻意而为。作为文物修复者的根本任务，是用最科学的手段，最小干预的理念，最大程度的恢复文物的原始状态或原始功能。所以，对于多数文物而言，使用传统及现代工艺技术进行保护性修复是非常有必要和值得肯定的。然而，另外部分文物就需要严谨地从它们当中剥离出来，既要有充分历史依

据，又要有科学的保护措施，遵循器物本身的时代特征和蕴含的文化特征。例如，前述提到的"仙人龟鹤齐寿图"纹铜镜，最初的修复方式是有问题的，在没有弄清这两面半镜由来的情况下盲目进行了复原性修复。殊不知古人有意而为之，利用铜镜的"破"与"圆"表达再续前缘的思想内涵，借物抒情，传统文化在此被体现得淋漓尽致。虽然单从铜镜本身来讲，恢复性修复展示效果可能会好一些，但是，这种修复却从根本上忽视了重要历史信息和文化内涵，是违背历史文化的过度性保护行为。

按照文物法与文物保护要求的相关规定，文物修复（修缮）工作可以总结为如下四个"原"的原则：

第一是原材料，修复（修缮）文物的材料必须与原文物中使用的材料一致。如果需要使用替代性材料，必须先行试验，并形成报告，报请相关主管部门批复（根据文物单位的级别报请相应的文物主管部门）。第二是原工艺，修复（修缮）的技术与工艺流程必须与原文物本体所使用的技术工艺相同，新技术的使用必须控制在最小的范围之内。一般而言，任何修复首先选择那些"可逆的技术工艺"，"可逆性"也是评估一项新的文物修复技术的关键环节。一旦出现不可预测的情况，还有机会将文物还原到"尚未修复（修缮）"的状态，给"纠错"和进一步的修复（修缮）预留空间和可能。第三是原结构，文物本体的修复（修缮）必须维持原有结构，不得擅自删减或增加。对于原有结构不清或结构整体变化较大的文物，先行研究，作出预案，再行修复（修缮）。修复

中对于新、旧部分的结构要作出区分，便于识别新增的部分。第四是原功能布局，文物的修缮与修复的核心是"治病救物"，在修复（修缮）后，主题功能不得丧失，基本布局不得改变。对于不同时期文物自身的功能性变迁，要作出详细的评估，选择最代表该文物本体功能的方案，同时在适当的部分对其功能性的变迁作出一定的合理性的"预留"，全面呈现文物本体的历史变化。

由此可见，第四条中提到"在修复（修缮）后，主题功能不得丧失，基本布局不得改变。"作为这面铜镜虽破为两半，其主题功能就是反映"破镜重圆"的传统历史文化，而并非普通铜镜的照面和装饰功能，所以要纠正之前的不当修复行为，将其逆向复原。在文物修复过程中，除了掌握相应的修复技术以外，最关键的还是要针对不同器物，搞清楚相关历史背景和文化内涵。不仅要保护文物的本体，更要保护好本体之外的文化信息，体现其精神内涵，才能够真正科学合理的文物修复保护。

近年来，随着国家对文物事业的重视，不断加大保护资金的投入和人才的培养，各地方不断的有新的文保项目上马，不断投入财力、物力、人力，对各类不可移动文物和可移动文物进行了普查，登记造册，以及留存现状，保护环境予以评估，分门别类、轻重缓急的保护和修复。这不能不说是国家乃至民族之幸事，传统文化弘扬和保护之大计。时逢文物工作新时代的到来，文物工作者不但要抓住机遇，保护好更多的藏品遗存，更应该科学地、理性地对待每一件文物。

武汉博物馆藏汉代铜镜铭文辨赏

夏建建

铜镜是我国古代人民照面饰容的生活用具，也是中国古代青铜器艺术中自成体系的精美工艺品。铜镜铸造精良、形态美观、图纹华丽、铭文丰富，具有很高的艺术价值。它所承载的人文内涵，成为历史留给我们的珍贵文化遗产。中国古代先民什么时代开始铸造和使用铜镜？《轩辕黄帝传》载："帝因铸镜以像之，为十五面，神镜宝镜也。"古人将铜镜的使用说成起始于黄帝，这些传说虽然不足为凭，但它却也反映了我国铜镜起源悠久。1975 年和 1976 年甘肃广河齐家坪和青海贵南两处齐家文化墓葬中先后出土了两面铜镜，据碳十四法测定，齐家文化的年代为公元前 2000 多年，距今 4000 多年，属原始社会的解体时期，这是目前考古资料所能证实的我国铜镜的起源。此后，铜镜于春秋战国时期逐渐流行，盛于汉唐，衰于宋元明清，至近代随着玻璃镜的普及而最终退出历史舞台。

铜镜背面铭文的产生与流行，与当时的政治、经济、文化艺术以及社会风尚密切相关，是对所处时代的社会风貌和文化精神进行了直接而鲜明的记载，也是我们认识和研究古代社会的重要实物资料。一个民族，如果没有保存确凿的文字记录，有历史而无法告诉未来，后人对其历史就只能靠推测与猜想，甲骨文的横空出世就为我们展示了一个全新的殷商时代。铜镜铭文同样有着重要的史料价值，由于铭文的字体、布局、内容随着时代发展而发生变化，铜镜铭文作为一种文字载体，不仅传播了历史信息，也是铜镜断代的重要标准之一。

汉代是中国统一多民族封建国家的强盛时期，经济

诗经铭文镜（图 1）

和文化都达到了前所未有的高度，两汉时期铜镜的铸制业获得了重大发展，中国铜镜以汉镜出土的数量最多，使用最为普遍。汉镜的主要特点是"刻画精巧，文字瑰奇，辞旨温雅"。汉镜的缘从突缘发展成平缘、斜缘，镜钮从弦钮发展为大半球状钮，镜面也采用了凸面的新工艺，以便在较小的镜面上收下更全的影象。面对现实生活的强烈呼唤，汉代的匠师给铜镜纹饰、铭文以深刻的含意，表现了一种全新的审美趣味，蕴涵了新的艺术风格。西汉中期以后，铭文占据了重要位置，有的甚至取代了纹饰。

武汉博物馆现藏汉代铜镜两百余面，其中有铭文者约占三分之一，现从中撷取部分展示于广大读者，希望方家多做考释、指正。

1 诗经铭文镜（图 1）：直径 14.8cm。扁平圆形，镜面微凸。色黑，有光泽。扁圆钮，圆钮座，上刻"君宜官"

博局铭文镜（图 2）

博局铭文镜（图 3）

三字。镜心高浮雕神兽，横列成五排。内区主题纹饰为浮雕重列式神兽像，分别为东王公、西王母、南极老人、黄帝、伯牙、钟子期等历史神话传说人物，兽则以四神、龙为主，分五段上下重叠排列。第一段中央是南极老人和朱雀；第二段为伯牙弹琴，旁边坐着钟子期；第三段是东王公、西王母；第四段是黄帝和司长寿的句芒；第五段是天皇大帝。镜缘上有勾连云纹与铭文各一周，铭文为隶书，由于年代久远，镜的边缘出现锈蚀，少数铭文脱落，可见铭文内容为："石人姬姬，衣□缎衣，夷侯之子，卫侯之妻，东宫之妹，刑侯之夷（姨），登（邓）公惟私，手如□凄，肤如□脂，领如□夷，齿如会师，□首娥□，□□（笑）口采兮，美目□兮，石人韧韧。税（说）于农郊，四牡有乔，带□耕耕，□□以朝，在夫宿退，□使君劳，河水洋洋，北流。"诗文录自《诗经·卫风·硕人》，是赞美卫庄公夫人庄姜的诗，可能受篇幅所限，文末被录完。这方铜镜 1972 年于湖北省更生仓库由废品中捡选而出。

《诗经》是我国古代的诗歌总集，原名《诗》。公元前 544 年周景王元年，吴国季札到鲁国观乐，并作歌。据《左传》的记载，其分类名目和先后次第与今本《诗经》差不多。季札观乐的那一年孔子才八岁。后来孔子提到这些诗时，称之为"诗三百"。以此推之，在孔子出世之前，鲁国就已经有了一部和今本《诗经》大致相同的诗集。自汉代被誉为儒学的经典以来，历朝历代对《诗经》的解释和研究不曾停止。汉代初期，对《诗经》的讲习和传授主要有四大家，分别称作《齐诗》、《鲁诗》、《韩诗》、《毛诗》，《史记·儒林列传》记载："言《诗》

于鲁则申培公，于齐则辕固生，于燕则韩太使。"申培，西汉时期鲁国人，汉景帝时，他任中大夫，年老退任后，曾为《诗》训诂以教学生，他传授的这一派《诗经》后人称"鲁诗"。经过东汉至魏晋，齐诗、鲁诗、韩诗逐渐衰微，到南宋都失传了。只有《毛诗》在民间广泛流传下来，今天我们看到的《诗经》就是汉朝时的"毛诗"。此镜 1978 曾请罗福颐、李学勤等专家鉴定。《文物》1980 年第 6 期刊出罗福颐先生的《汉鲁诗镜考释》，文章提出，根据镜的形制当定为后汉建安时物，而镜诗铭颇异于毛诗，当属鲁诗，为孤品。此一镜铭提供了《硕人》诗的前所未闻的另一版本，引起学术界很大兴趣，1988 李学勤《论'硕人'铭神兽镜》（《文史》第 30 辑）考可能用鲁诗；同年胡平生、韩自强《阜阳汉简诗经研究》（上海古籍出版社）中胡氏对比阜阳汝阴侯墓的诗经残简，也对镜铭作了些考释，认为对比三家诗，判定鲁诗证据不足。

2 博局铭文镜（图 2）：直径 16.7cm。扁平圆形，色黑。圆钮，圆钮座。内区绕钮饰九枚乳钉，间隔铭文和纹饰。铭文为"长宜子孙"，外饰凸弦纹和细弦纹各一周，再外饰凹方框，框内四角各饰桃形叶纹。外区方框四边及四角饰"T、V、L"形符和八乳钉相间对置，间饰四神及瑞兽。外饰铭文带和短线纹带。铭文为："新有善铜出丹阳，和以银锡青且明，左龙右虎主四方，八子九（孙治中央）"。平宽缘，上饰锯齿纹带和云纹带。

3 博局铭文镜（图 3）：直径 13.7cm。扁平圆形，色银亮，局部有绿锈。圆钮，四叶纹钮座，座外一凹形

龙虎对峙铭文镜（图4）

龙虎对峙铭文镜（图6）

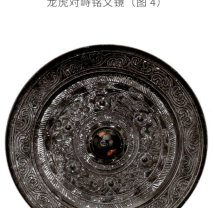

多乳禽兽铭文镜（图5）

六乳四神铭文镜（图7）

方框。内区方框四边及四角饰"T、V、L"博局纹符，间饰禽鸟和八乳钉。外区为铭文带："尚方作镜真大好，上有仙人不知老，渴饮玉泉饥食枣，（浮）游天下遨四海，寿如金石为国保，日月明兮"，外饰短线纹带。宽平缘，上饰两周实心锯齿纹间夹一周双线锯齿纹。

此类铭文中存在七言诗的汉代铜镜我馆收藏有十余面，对于七言诗的起源和形成问题的研究颇有助益。最早注重到汉代铜镜铭文中含有诗歌存在的是北宋时期王黼编撰的《宣和博古图》，今天我们仍然可以看到四库全书《重修宣和博古图》中专列有"诗辞门"，收录汉代铜镜12面。七言诗镜铭宋代以后的考古学著时有收录，明人已经将其编入汉代文集中。考察汉代铜镜铭文中的七言诗可以发现，不少诗歌字句押韵，虽然由于铜镜形制大小所造成的篇幅限制出现多字或少字现象，但其结

构形式已相对固定，由此我们可以初步推论东汉以前七言诗已经产生。

4 龙虎对峙铭文镜（图4）：直径10.3cm。圆形，圆钮，圆形钮座，座外围一周浮雕的龙虎对峙纹，其外为铭文一周："三羊作镜自有纪，辟去不□"。边纹为锯齿纹，双线水波纹各一周，斜缘。

5 多乳禽兽铭文镜（图5）：直径11.1cm。扁平圆形，色黑。圆钮，圆钮座，外饰短线纹带和弦纹带。内区饰五兽一禽与六枚乳钉绕钮相间，每一乳钉饰四叶座，外区为铭文带："新有善铜出丹阳，和以银锡清且明，益清"。外绕短线纹带。平宽缘，上饰连云纹带。

6 龙虎对峙铭文镜（图6）：直径18.4cm。扁平圆形，色绿。圆钮，圆钮座，内区绕钮饰二龙一虎，左右一龙一虎对峙，下方一龙。外区饰禽兽纹，以七枚乳钉纹相间，

外绕铭文带和短线纹带，铭文："元康三年五月造大毋伤，左龙右虎辟不祥，朱鸟玄武顺阴阳，长保二亲乐富昌，寿敝金石如（侯王兮）。"宽平缘，上饰三周短线纹带。

7 六乳四神铭文镜（图7）：直径13.8cm。扁平圆形，镜面微凸。色黑。圆钮，圆钮座，座外饰弦纹。内区饰六乳钉，每一乳钉饰四叶座，之间饰四神。外区为铭文带和短线纹带。铭文："杜氏作竟大毋伤，新有善铜出丹羊（阳），炼治铝锡清如明，青龙白虎辟（避）不阳（祥），长富乐未央"。宽弧缘，上饰锯齿纹带和画像纹带。

汉代铜镜铭文更重要的是作为一种装饰出现，因此，我们在盛行铸造铭文的汉镜上可以看到这样一个奇怪的现象，铭文往往错字漏句，或随意删减，以至于不能通读成句。铜镜的铭文字数多少，往往是根据镜的大小而定，因常有省字，有时显得文句不通，加字又显然是为了补足布字不足的空缺，有时，所加进的字，甚至没有实际含义。可能是在铜镜成为普通百姓的日常生活用品后，铜镜的制造商，由于要满足不同消费者的需要，会扩大或缩小镜的形制，又不想改变原设计的主体图案，这样，就会出现加字或减字的情况。西汉中期以后，除尚方镜中铭文尚能保持规整外，一般铜镜铭文则一反汉初谨严不苟的作风，出现了代用字、简笔字等现象。这种状况之所以能被社会习俗接受，是因为简字、代字在当时大众中已广为流传，故凡遇到笔画较繁或文字较生涩的字，多以简字来代替。

8 多乳禽兽铭文镜（图8）：直径18.7cm。平扁圆形，色黑，局部锈蚀泛铜绿色。圆钮，圆钮座。内区饰双龙，双虎对峙，外饰弦纹和短线纹带。外区饰等距离七乳丁配以四叶座，以禽兽纹相间。外铸铭文一周："李氏作竟四夷服，多贺国家人民息，胡虏殄灭天下服，风雨时节五谷熟，国保二亲得天力，传告后世乐无极兮"。宽缘，缘上饰三角锯齿纹带和禽兽纹带。

9 环绕式神兽铭文镜（图9）：直径13.2cm。扁平圆形，色黑，泛绿锈，大扁圆钮，圆钮座，主题纹饰分上下五层。上层中间一神端坐，两侧各二禽鸟。二层两侧各饰二神人，右边侧一青龙，左边侧一玄武。三层两侧各二神人。四层两侧各一神人，两边侧各一虎。外饰凸弦纹一周。平缘，上饰一周铭文："吾作明镜，幽炼宫商，周罗容象，五帝三皇，白牙单琴，黄帝除凶，朱雀玄武，白虎青龙，建安口口口"。

两汉铜镜已发展成一般商品，这一时期私营铸镜业都得到了普遍的发展。铜镜铭文中大量出现："某氏作镜真太好"、"某氏明镜快人意"、"某氏作镜四夷服"等，都明确记述了制作者的姓氏，并有很强的宣传广告作用，表明民间铸镜业已十分普及。东汉中期以后，铭文在表现各种意义之外，往往加上铸镜的纪年，为后代判断古镜的确切时代提供了依据。除纪年镜外，还有纪氏铭文或纪名铭文。

10 "中国人民"铭文镜（图10）：直径18cm。扁平圆形，色黑，有光泽。圆钮，圆钮座，镜心四虎绕钮对峙，内区五枚乳钉，其间浮雕双虎双鹿，神人戏龙，独角兽，双角兽筹。外区隶书"青盖作竟（镜）四夷服，多贺中国人民富，云雨时节五谷熟"铭文。镜缘内分别饰锯齿纹和飞禽，走兽纹各一周。

"中国"一词在青铜器铭文中最早出现于1963年在

多乳禽兽铭文镜（图8）

环绕式神兽铭文镜（图9）

陕西宝鸡贾村出土的"何尊"："余其宅兹中或，自之辟民"，专家考证，"中或"就是中国，该鼎铭文是周成王时的纪录，可见"中国"名称约在三千年前就有了。其后，"中国"一词的用法有如下几种：指京师，如《诗经·民劳》"惠此中国，以绥四方。"，注曰："中国，京师也。"；指汉民族所能够直接统治的地区，如《史记武帝本纪》："天下名山八，而三在蛮夷，五在中国"，又如《论语集解》："诸夏，中国也。"；指地理上的中原地区，如《三国志》："若能以吴越之众与中国抗衡，不如早与之绝。"，又如《史记·东越列传》："东瓯请举国徙中国"。此镜铭中的"中国"应指汉民族所统治的中原地区，《中国青铜镜》一书即录有国家博物馆藏"中国大宁"镜一面，两者所称"中国"一词应为同义。另"人民"一词在汉代铜镜中亦为常见，多与"国家"一词组成"国家人民"词组，但"中国"和"人民"两词连接在一起使用，目前见诸文献的汉代铜镜铭文，似不多见。

11 鎏金铭文神兽镜（图 11）：直径 13.7cm。扁圆形，镜面微凸。镜背鎏金，色金黄。圆钮，圆钮座。钮上饰错金云纹，竹节纹钮座。内区神兽间隔配置，神兽外有八个方枚，上刻"先能服者秩至三公"铭文。外区饰锯齿纹禽兽纹各一周，镜缘饰云雷纹。

12 昭明镜（图 12）：直径 14cm。扁圆形，色黑。圆钮，圆钮座，内区座外饰八瓣内连弧纹，外饰短线纹带。外区为铭文带："内清以昭明，光象夫日月之"。外绕短线纹带。平素宽缘。

13 间式蟠螭纹铭文镜（图 13）：直径 12.9cm。扁

"中国人民"铭文镜（图 10）

昭明镜（图 12）

鎏金铭文神兽镜（图 11）

间式蟠螭纹铭文镜（图 13）

连弧纹日光镜（图14）

变形四叶夔纹镜（图16）

长宜子孙铭文镜（图15）

平圆形，黑色，布满绿色锈斑。长方圆钮。内区绕钮饰蟠虺纹，外饰铭文带，铭文："大乐贵富，千秋万岁，宜酒食"。外区饰等距离变形四叶，间饰蟠螭纹。高细窄素缘。

14 连弧纹日光镜（图14）：直径 8.1cm。平扁圆形，黑色。圆钮，圆钮座，内区饰内连弧纹短线纹带。外区为铭文带和短线纹带。铭文："见日之光天下大明"。素宽平缘。造型小巧，精致。

15 长宜子孙铭文镜（图15）：直径 17.9cm。：圆形，圆钮，柿蒂纹钮座，四蒂间有铭文"长宜子孙"，外围一环状圆圈。圈外有四字铭文，以"○"相隔，外接连弧纹一周。素平缘。

青铜镜的使用，在汉人具有吉祥辟邪的意味，因而庆祝颂祷铭文数量相当多。根据孔祥星、刘一曼所著《中国古代铜镜》介绍上世纪出土的一些铜镜常置于人骨架的腰部或胸部。《满城汉墓发掘报告》介绍三件铜镜，分别出于主室漆盒、棺内漆奁和墓主窦绾玉衣左手中，这些现象实质上与先秦两汉人佩玉的风习十分相似，表达出世人对于富贵长寿的渴求。

16 变形四叶夔纹镜（图16）：直径 11.8cm。色绿，圆形，圆钮。纹饰为蝙蝠形变形四叶纹，四叶内有铭文"位至三公"，四叶间为变形夔纹，其外为内向十二连弧纹带，连弧平缓，素宽缘。边缘刻画铭文"王府吏李翕镜广四寸八分重十两"十四字。经查阅相关资料及考古出土实物，东汉时期一寸约为现公制 2.3cm，一两为现公制 14 克，而此镜实测直径 11.8cm，重 258 克，经换算尺寸略有差异，重量出入较大，与刻文不相符。

（原刊于《收藏家》2009 年第 10 期）

浅谈铜镜保护修复
——以武汉博物馆馆藏铜镜保护修复为例

鲁茜

中国青铜文化瑰丽璀璨，器类繁多，礼器、乐器、兵器、生活器等等，不一而足，其中，铜镜虽体量小，但在青铜时代结束，各类青铜器均凋零之后，仍旧活跃在历史舞台上，作为生活必需品出现在千家万户，上至王公贵族，下至平民百姓，无一不需要它。无论是从文物价值还是从使用时长上来看，铜镜都是青铜器发展史上的一朵奇葩，在历史长河中占有重要地位。

1 馆藏铜镜保存现状和主要病害类型

铜镜曾有多种用途，譬如祭祀、装饰、照容等，其中照容是铜镜漫长生命期里最主要的功能，在我国古代历史上的很长一段时间里，铜镜都是不同阶级人们的日常实用器。铜镜的背面通常装饰有各类纹饰和铭文，镜面则用来使用。铜镜的主要材质是青铜合金，铜、锡、铅这三种金属的化学性质均算较为活泼，故在自然条件下，铜镜的腐蚀是必然的，古代有磨镜的职业，就是定

期磨除镜面的氧化层和锈蚀物，使镜面光亮，以使铜镜长期保持良好的照容效果。但在玻璃镜出现之后，铜镜遭到淘汰，人们自然也就无需磨镜，此后铜镜便仅仅作为收藏品和赏玩器存在。无论是出土铜镜还是传世铜镜，在长期的腐蚀和外力作用下，铜镜的形态都会产生变化，外观会变色，形制则可能不再完整。从武汉博物馆馆藏铜镜的保存现状来看，最普遍的病害类型为变形、碎裂、断裂、残缺和表面硬结物，如图1-4所示。

2 铜镜锈蚀物类型

青铜器的腐蚀产物从化学成分上来说就是铜、锡、铅的各类氧化产物的混合物，其中或许还夹杂有泥土等杂质，在排除"有害锈"存在可能的情况下，可将武汉博物馆馆藏铜镜的表面锈蚀物分为两类：致密型和疏松型。

表面硬结物（图1）

碎裂（图2）

残缺（图 3）

银灰色致密锈（图 5）

断裂（图 4）

黑色致密锈（图 6）

2.1 致密型

这类型的锈蚀产物多紧紧附在青铜基体表面，和基体结合紧密，锈层薄，但密度大，锈层表面通常颇为光滑，带有光泽，镜面还能照出人影。这类的表层锈多为银灰色（如图 3、5）和黑色（如图 6）。

致密型锈层的铜镜通常铭文纹饰细节清晰，翻模效果非常好，但铜镜若有碎裂／断裂或残缺的情况，则在焊接／粘接和补配的过程中会对接缝大小和表面平整度的要求非常高，相应的，在做旧中也较有难度。

2.2 疏松型

疏松型锈层密度小，疏松多孔，和铜镜表面的结合力小，表层锈的清除较为容易，锈蚀物通常呈蓝绿色，如图 7 和 8。

长有这类锈的铜镜表面均比较粗糙，有颗粒感，原基体的平整表面已经被破坏，即便是经过除锈处理，镜面也粗糙无光泽，纹饰铭文多看上去暗淡模糊，细节难辨。

这类锈通常是要除去的，一方面是为了更好地辨别背面纹饰和铭文，另一方面，疏松多孔的锈层结构会给水分、氧气和阴离子通行和反应的空间，可能造成进一步的腐蚀。这类锈蚀物的清除基本上以能看清铭文和纹饰为准，不能完全清除至露出基体，修复结束后要注意封护。

实际上，铜镜表面的锈蚀状况通常较为复杂，甚至在同一面铜镜上，也可能因为外部微环境的局部差异和合金本身的不均匀性而出现不同的锈蚀情况，如图 4 中的铜镜，其镜背面大部分区域都表现出致密型锈的特点，这部分区域呈银灰色，表面光滑，但另一些区域则长出蓝绿色锈蚀物，破坏了原有镜面的纹饰，其间还夹杂有点腐蚀造成的蚀坑和鼓包。所以在实际操作中要灵活根据每件文物的特点采用相宜的保护修复方法。

3 铜镜保护修复方法

因为铜镜基本可以视作二维平面结构，所以其矫形的难度相对器形复杂的青铜礼器较小，多半采用模具夹压或者锤击的方法即可整形，必要时配合加温手段。相对而言，铜镜修复的难点集中在补配、焊接、粘接和做旧上。总体来说，镜体越薄、镜面越大、表面越光亮、纹饰铭文细节缺失越多，修复难度越大。

3.1 粘接和焊接

在镜面有残缺和镜面碎裂/断裂的情况下，修复中需要将补配块接到原件上或是将碎裂的原件残片拼接起来，无论是何种修复方法，都需要进行焊接或粘接操作。

铜镜可以视作形状规整的二维平面，其背面还有纹饰和铭文，所以实际操作中对拼接的要求很高，不仅要拼对准确、严丝合缝，还要求接缝尽可能狭小和隐形，镜面平整没有错位。考虑到传统焊接工艺需要打磨焊口，

会造成残片的接缝变大，而铜镜残片接触面面积较小，仅用粘接方法又无法给整个镜面提供足够的强度，所以实际修复中宜采用焊接粘接联用法对铜镜进行修复。

具体方法是，将铜镜残片清洗干净，轻磨残片断面以除去污垢杂质，调和双组分环氧树脂，均匀薄涂于断面表面，然后将残片拼起来，在镜面用纸胶带对残片进行临时固定，再将铜镜竖直插入细沙盆中待环氧胶硬化，在环氧胶固化的过程中，还可以根据情况对残片位置进行微调，粘接剂固化后取出铜镜，在镜缘接缝处开槽，槽内嵌入0.8~1mm厚的黄铜片或紫铜片（如图9所示），再用锡焊法将槽和铜片焊实。这样修复的铜镜，不仅镜面接缝小，还不容易松散解体。

如果铜镜矿化比较严重，已经没有焊接条件了，那就需要先对残片进行加固再进行拼对粘接，边缘处可以开槽加塞铜片，但不宜再采用焊接，而是改用填入粘接剂

绿色疏松锈（图7）

镜缘开槽加塞铜片（图9）

蓝绿色疏松锈（图8）

残片拼接处开槽加塞铜片（图10）

精雕油泥雕塑残缺部位（图11）

修复后（图12）

粘合镜体和铜片并将槽填实密闭。如果铜镜地子色较深，则可以在环氧胶中加入研磨过的细矿物颜料粉，混合物色调以铜镜地子色为准，将两者混合调匀后再用于粘接，这样可以减轻和降低后续镜面做旧的工作量和难度。如果铜镜体量较大，就需要考虑到粘接强度是否足够的问题，若铜镜直径大，铜质好，镜体较厚，则可以选择在多块残片的拼对交接处开槽加塞铜片（如图10）并填入环氧胶，这样可以增强整体镜面的粘接强度。综上所示，实际修复操作中可以根据铜镜的个体情况灵活调整修复方法。

3.2 补配

补配材料有锡基巴氏合金、紫铜片、原子灰、环氧树脂等，若铜镜残缺面积比较小，可以直接用铜片、原子灰和环氧树脂材料补配，若残缺面积比较大，则需要翻模浇铸补配块，再将其焊接到原件上。

补配难度要看残缺部分的情况，若镜面纹饰有规律，如纹饰绕钮呈180°对称，缺失的部位能在镜面对称处找到原型，则修复时利用纹饰完好处镜面翻模铸造出补配件就可以了，但若找不到纹饰对称规律，在别的同类铜镜上也找不到同样的等大的纹样，直接翻模就不可行了，这时就需要查找资料，找到同时代同类器物上的纹饰，根据残缺部位尺寸对纹样进行缩放，然后将纹样雕塑出来，雕塑材料常用普通油泥、精雕油泥、木头等。

武汉博物馆馆藏一面唐双鸾狻猊葵花镜仅剩四块残片，将残片进行粘接后发现镜面仍缺失近一半，通过查阅文献资料发现了该类铜镜的完整纹饰的拓片图像资料，根据拓片照片和原件残存纹饰，修复师采用精雕油泥雕塑出镜面缺失部分，如图11所示，后续再用该精雕油泥模型来翻模补配并做旧，就使这面铜镜得到复原，修复后效果如图12所示。

3.3 做旧

如前文所述，武汉博物馆馆藏铜镜的锈蚀特点基本分为两类，其中疏松型锈蚀的铜镜做旧相对较为容易，多采用矿物颜料和虫胶-乙醇溶液来做旧。致密型锈蚀的铜镜做旧难度较高，其表面锈色细看并非净面色，虽锈层极薄，但颜色依旧富有层次，且带有光泽，做旧时除了矿物颜料和虫胶-乙醇溶液，还会用到硝基清漆类颜料等。

4 结语

铜镜属于青铜器中使用较久、存量较大的器类，武汉博物馆馆藏铜镜丰富，但大多存在残缺、断裂、碎裂、表面硬结物和全面腐蚀的情况，为了还原文物价值，需要对铜镜进行修复。铜镜修复中的难点多集中在焊接/粘接、补配和做旧步骤上，在实际修复操作中，工作人员需要根据铜镜个体材质的不同和病害特征，在遵循修复原则的前提下，灵活选择修复材料和方法。

后记

　　武汉博物馆馆藏古代青铜器两万多件，其中历代铜镜五千余面，几乎涵盖了中国古代不同时期的各个铜镜种类，可以算得上是古代铜镜的一个小小宝藏。坐拥此宝藏对文博人来说是一件幸福的事，"古镜涵容——武汉博物馆藏铜镜"专题展便是武博将这座铜镜宝藏呈现给广大观众而创办的一个特色展览。展览先期在武汉博物馆展出，后应全国范围内兄弟馆的热情相邀，武博铜镜展走出武汉，走向全国，同文博界绚烂多姿的众多交流展一同呈现在全国观众面前，也为广大观众和铜镜爱好者了解、学习铜镜文化知识尽了一份绵薄之力，真是荣幸之至。

　　作为交流展，武博铜镜展在外走过了近十个年头了，我们已经记不得去过哪些城市，但每次铜镜外展收到观众和业内人士的意见和建议我们还是清楚地记得的。基于此，是时候将我们的铜镜展归纳梳理一番了。幸得武博有一批热心于古代铜镜研究的同志们的一道努力，特遴选出特色铜镜270余面编辑成册，这本《古镜涵容——武汉博物馆藏铜镜》终于和广大观众见面了。

　　本书的编纂工作得到了各级领导的大力支持和无私帮助。武汉市文化和旅游局马勋标、杨相卫、张宏斌等诸位领导，在政策上给予了武汉博物馆科研工作大力支持。

武汉博物馆刘庆平先生作为本书的策划者，在本书的写作过程中给予了关心和细心指导。领导们的无私帮助，都是促使本书顺利完成的莫大动力。

　　本书所用图片均为我馆信息部左易正同志拍摄，图片编辑工作由展览交流部雷晓洁、郑晶、钱卓思三位同志完成。藏品保管部张洪林、展览交流部丁燕两位同志负责了本书的文字校对工作。本书的文物信息采集、部分参考文献提供两部分工作由藏品保管部杨凤霞、马牧宇两位同志完成。在此，对他们的辛勤付出表示衷心的感谢。

　　本书由邓琰、孙黎生、张卫红、罗莎四位同志组成的编写组共同完成。附论部分，《"破镜"不一定必须"重圆"》、《武汉博物馆藏汉代铜镜铭文辨赏》、《浅谈铜镜保护修复》三篇文章分别由藏品保管部吕立军、夏建建、鲁茜三位同志撰写。在此，对参与撰写工作的上述同志表示由衷的敬意，并道一声大家辛苦了。特别指出的是，书中宋代部分的鸟语花香水月镜的纹饰勾勒图，由青年艺术家汪庆女士提供，在此一并致谢。囿于我们专业水平及学识有限，书中难免出现错误和纰漏，敬请方家、读者不吝赐教。

编 者
2019 年 8 月

图书在版编目 (CIP) 数据

古镜涵容：武汉博物馆藏铜镜 / 武汉博物馆编. --
北京：文物出版社，2019.10
　　ISBN 978-7-5010-6307-9

　　Ⅰ. ①古… Ⅱ. ①武… Ⅲ. ①古镜－铜器(考古)－中
国－图集 Ⅳ. ①K875.22

中国版本图书馆CIP数据核字(2019)第213107号

古镜涵容

武汉博物馆藏铜镜

武汉博物馆　编

责任编辑：王伟

责任印刷：梁秋卉

出版发行：文物出版社

地　　址：北京市东直门内北小街2号楼

网　　址：http://www.wenwu.com

邮　　箱：web@wenwu.com

印　　刷：雅昌文化（集团）有限公司

版　　次：2019年10月第1版

印　　次：2019年10月第1次印刷

开　　本：889mm×1194 mm　　1/16

印　　张：16.25

书　　号：ISBN 978-7-5010-6307-9

定　　价：368.00元